政策法规评估的

理论与实践

THEORY AND PRACTICE OF POLICY AND REGULATION EVALUATION

尚珂 殷昊 郭庆◎编著

中国经济出版社
CHINA ECONOMIC PUBLISHING HOUSE
·北京·

图书在版编目（CIP）数据

政策法规评估的理论与实践/尚珂，殷昊，郭庆编著.
—北京：中国经济出版社，2018.8
ISBN 978-7-5136-5013-7

Ⅰ.①政… Ⅱ.①尚… ②殷… ③郭… Ⅲ.①法规—中国 Ⅳ.①D920.4

中国版本图书馆 CIP 数据核字（2017）第 299424 号

责任编辑 陈 瑞
责任印制 马小宾
封面设计 任燕飞工作室

出版发行 中国经济出版社
印 刷 者 北京金明盛印刷有限公司
经 销 者 各地新华书店
开 本 710mm×1000mm 1/16
印 张 17
字 数 210 千字
版 次 2018 年 8 月第 1 版
印 次 2018 年 8 月第 1 次
定 价 58.00 元
广告经营许可证 京西工商广字第 8179 号

中国经济出版社 **网址** www.economyph.com **社址** 北京市西城区百万庄北街 3 号 **邮编** 100037
本版图书如存在印装质量问题，请与本社发行中心联系调换（联系电话：010-68330607）

序言 PREFACE

新中国成立近六十年，尤其是改革开放的四十年，中国特色社会主义法律体系基本形成。国家政策法规的制定已从对于数量的追求向对质量的追求转变。2004 年国务院颁布《全面推进依法行政实施纲要》中指出：建立和完善行政法规、规章修改、废止的工作制度和规章、规范性文件的定期清理制度。要适应完善社会主义市场经济体制、扩大对外开放和社会全面进步的需要，适时对现行行政法规、规章进行修改或者废止，切实解决法律规范之间的矛盾和冲突。规章、规范性文件施行后，制定机关、实施机关应当定期对其实施情况进行评估。实施机关应当将评估意见报告制定机关；制定机关要定期对规章、规范性文件进行清理等；这些内容明确了我国要建立立法评估制度。此后，在全国各地方人大及政府部门逐渐陆续展开了对地方性法规、规章评估工作，地方立法评估成为我国各地政府提高立法质量的重要手段，在政策法规的制定、修订、废止等程序中发挥着越来越重要的作用。

虽然目前我国法规政策立法评估在地方人大及政府部门或行业部门领域已经开展多年，但是对比国外政策法规评估历史的研究，我国的政策法规评估的理论研究和实践发展仍然存在明显不足，对立法评估的理论研究和实践的总结还缺乏整理和归纳，有关政策法规评估的体系性研究文献不多。

本书作者参与和承担过多项政府部门委托的有关行政管理规章的评估项目，2015 ~2017 年在北京市教委科技创新提升计划支持下，开展了对我国商品流通管理相关政策法规的评估工作。在多项评估实践中，较为深入地学习研究了有关评估的基本理论、基本方法和评估程序等；特别是在评估实践中，对于评估活动存在的难题有较为深切的体会。作者以前辈学者的理论研究为基础，基于自己的认识和实践总结编写了此书。

图书主要内容包括对政策法规评估的基本理论、基本方法、标准和程序的挖掘整理，同时在阐述国内外政策法规评估发展状况的基础上，对我国政策法规评估实践问题进行评述分析，最后对建立和完善我国政策法规评估制度的构建提出有针对性的建议。

书中借鉴了许多前辈学者的理论观点，在此表示衷心的感谢。同时由于作者眼界和知识领域的局限性，基于实践认识与总结的阐述中也可能存在误谬，敬请各位专家、学者及广大读者不吝赐教，给予批评指正。

高珂

2018 年 1 月

目录 CONTENTS

第一章

政策法规评估的发展概况

政策法规是政府决策的产物，其诉求与行为对象是社会公共问题的直接反映，其制定与实施是利益主体博弈的必然结果，其本质与社会资源的权威分配密切相关。在倡导社会治理与公民参与的现代社会，政策法规评估必然会引起社会的重视和关注。

政策法规由制定到实施经历了一系列复杂的过程，而政策法规评估在其中占有重要地位。一方面，政策法规的制定者需要了解政策法规是否达到了预期的目标；另一方面，受政策法规影响的利益群体需要了解政策法规制定的合理性和正当性。这一切都使政策法规的评估成为必要。另外，由知识的进步所引起的公民社会责任感的增强又为政策法规评估提供了现实的可能性。

发展和完善政策法规评估理论和评估方法是推进法治政府建设和法治国家建设的客观要求，也是推动政治改革和现代化国家建设的必然结果。从某种程度上来说，法治政府建设推动了政策法规评估理论与实践的发展和完善，而政策法规评估理论与实践的发展和完善又促进了法治政府建设。

第一节　国外政策法规评估的发展状况

自20世纪50年代政策科学在世界多个国家产生之后，作为政策制定过程的一个重要环节，政策评估在检验政策效果、提高决策质量方面发挥着越来越重要的作用，引起了学界的广泛关注。[①] 政策法规评估既包括对国家政策的评估，也包括对法律法规的评估。政策评估的历史相对较早。自20世纪50年代政策评估理论在美国出现以来，已经有了数十年的发展。迄今，政策评估的研究范围不断扩展，研究方法愈加成熟。相较而言，法规评估发展较晚，直到20世纪80年代，美国、英国、德国等国家才开始了对立法评估理论的探索，至今才逐渐形成立法评估的理论基础和制度框架。从总体来看，政策法规评估的理论和方法仍处于不断发展完善的过程中。

一、国外政策评估发展阶段概述

美国学者拉斯韦尔于1951年提出“政策科学”的概念后，各国学术界、政界对政策研究一直保持着高度重视的态度，推动着政策评估理论不断发展完善，研究范围逐步扩大，研究方法不断完善。

在国外，政策评估主要有三种类型，即事前评估（Prospective Ex-ante Evaluation）、执行评估（Monitoring Interim Evaluation）及事后评估（Ret Respective Ex-post Evaluation）。[②] 但是也有学者将政策

---

① 李瑛，康德颜，齐二石．政策评估理论与实践研究综述［J］．公共管理评论，2016(1)．

② 陈振明．政策科学［M］．北京：中国人民大学出版社，1998.

的事前评估划分到“政策分析”（Policy Analysis）所涵盖的范围之内。狭义角度上的政策评估仅指事后评估。[①]

政策评估的发展经历了复杂的阶段，从单纯关注效果的政策评估到相对完善的建构主义的政策评估。总体而言，国外政策评估理论的发展主要有以下几个阶段。

（一）政策评估的最初阶段：关注效率的政策评估

这一阶段是政策评估发展的最初阶段。在行政思维主导的社会中，追求效率为政策行为的目的，此时政策评估所关注的重点是政府在行政上投入与产出、行政过程中的办事效率。现代社会的发展要求政府提高处理政务的效率，在一定程度上推动政策评估的焦点集中在效率上。效率越高，公民的满意程度就会越高；反之，效率低下容易引发民众不满。在此情形下形成的以“效率主义”为中心的政策评估体系。

在这一阶段，最早对政策评估进行研究的著作是由美国的彼得·罗西（Peter H. Rossi）、马克·李普希（Mark W. Jersey）和霍华德·弗里曼（Howard Freeman）合著而成的《项目评估：方法与技术》。该书以社会科学研究的视角，对政策评估的发展历史、评估内容及评估方法做出了详细的介绍。作者认为，政策评估主要包含：需求评估、过程评估、项目埋论评估、效率评估、结果评估，该书所提出的评估埋论与评估方法对美国乃至世界范围内的评估事业发展都产生了深远影响。[②]

---

① Vedung E. Public policy and program evaluation ［M］. New Brunswick（U. S. A）and London（U. K. ）: Transaction.

② 邓剑伟，樊晓娇．国外政策评估研究的发展历程和新进展：理论与实践［J］．云南行政学院学报，2013（2）.

与此同时，也有学者认识到政策效率评估的不足并提出了不同的看法。美国学者托马斯·戴伊（Thomas R. Dye）在批判效率评估的缺陷性基础上，提出了自己的评估主张。戴伊认为，政策评估主要是探究政策实施后的效果和影响。他从美国的基本社会制度出发，探究实施政策评估的原因。其在《理解公共政策》一书中指出：过去人们认为只要政策能被通过，投入了物力、人力、财力进行实施，就可以预期到政策效果，也可以感觉到政策效果，然而事实并非如此。因此，我们必须要通过评估手段了解公共政策的实施效果。[①] 评估政策效果不是简单的命题，具体的条件和标准还需要学者们不断完善。

（二）政策评估的发展阶段：关注政策的使用取向

20 世纪 60 年代后，在美国政府的推动下，政府项目大量出现，政策评估迎来了发展的黄金期。然而，在最初，尽管政府在政策评估上投入了大量的费用和时间，却没有取得丰硕的成果。政策评估的相关理论与社会实践相结合的力度并不大，政策评估结果的社会利用效果不尽如人意。政策评价危机在 20 世纪 70 年代出现，对此，学界进行了反思。在反思之后，学者们逐步联系社会，开始把政策评估的焦点由单一的“效率”至上转到关注政策评估结果的利用上面，最终，政策评估理论的高潮期又一次到来。

当时比较典型的政策评估理论有 D. 纳茨米亚斯（D. Nachmias）与 D. 帕勒姆鲍（D. Palumbo）的“理想的政策评价理论”，介绍了

---

① 李瑛，康德颜，齐二石．政策评估理论与实践研究综述［J］．公共管理评论，2016（1）．

理想状态下的政策评估范式和理论①；M. 帕顿（M. Patotn）的“以利用为中心的评价理论”，对“为了获得实际可用的评估结果应该怎么做”的问题进行了研究，进而提出了以利用为中心的评估核心、评估过程与评估前提的基本模式。② E. 戈尔顿波格（E. Goldenberg）在其“关于政策评估目的的理论”中研究了政策评估的目的。他的论点主要是：政策评估可以通过政策活动的不同，呈现出不同的目的，政策评估主要利用了政策效果的评价来对政策进行改进，所以要对政策评估活动的本质进行充分理解。③

从以上的政策评估理论发展史中，我们可以看出，相对第一阶段倾向于政策效率的评估，第二阶段的评估更加全面，特别关注政策评估结果的社会利用问题，密切了政策评估理论与社会实践的联系。虽然评估的基本框架已经构建，但是，政策评估的方法和程序还需要不断地完善，此外政策评估的价值取向仍不明确。政策实施的直接作用是影响社会经济生活，因此，必须以一定的价值导向为指引。然而，在这一阶段，学者们尚未对此问题做出回应。

（三）政策评估的成熟阶段：对政策价值取向的研究

面对由单一的效率至上的政府评估所带来的大量社会问题（分配不公、受益不均、贫富差距拉大等问题）的现状，西方学者又开始了新一轮的政策评估理论的反思与批判。在《正义论》中，罗

---

① 吴锡乱，金荣抨．政策学的主要理论［M］．上海：复旦大学出版社，2004.

② 李瑛，康德颜，齐二石．政策评估理论与实践研究综述［J］．公共管理评论，2016（1）.

③ 李瑛，康德颜，齐二石．政策评估理论与实践研究综述［J］．公共管理评论，2016（1）.

尔斯（J. Rawls）通过两个基本原则的设计，提出了对以往政策评估理论的忧虑：以效率为价值取向，以结果为评判标准的评估理论和方法缺乏合理性基础。该书中，他较为深入地讨论政策目标的合理性、正当性，认为政策评估的基础是合理性和正当性，必须是针对社会的具体问题，体现公平公正，而非部分利益主体的代言。[①] 在罗尔斯看来，只有满足公正性的前提条件，政策评估才具有正当性基础。因此，公正是政策评估的关键。豪斯（E. R. Hose）也是该阶段的代表学者，他认为：政策评估的本质为一种政治活动。政策评估在为决策者提供服务的同时，也能够推进资源和利益的再次分配。评估不仅是真实的，更应该是正义的。正义应该成为政策评估的一项重要标准。[②]

相对于前期两阶段的政策评估理论而言，这一阶段的政策评估理论更加成熟稳健，由政策评估的制度框架深入到政策评估的内在价值。学者们不仅将政策评估视为解决社会问题的工具，还视为维护公平正义的杠杆。这对于政策评估的发展无疑是有利的。总之，无论是在内容上还是价值上，政策评估理论都有了进一步的发展和完善。

（四）政策评估的完善阶段：建构主义的政策评估

社会多元化的发展给政策评估注入了新的时代因素。在多元社会中，政策评估的过程是价值冲突与价值协调的统一体。不同的利益群体、不同的价值取向都影响着政策评估。在这一阶段，关注价

---

① J. Raw，A Theory of Justice. Cambridge：Harvard University，1971，p3.

② 李瑛，康德颜，齐二石．政策评估理论与实践研究综述［J］．公共管理评论，2016（1）．

值冲突背后的利益诉求已经非常重要。除了公平正义外，政策评估者还必须关注社会的其他价值主张。显然，在这样的时代，仅通过单一的评估方法和标准就想实现政策的社会效果是不现实的。因此，政策评估者还需要引入多元的评估方法进行综合评估。政策评估的过程也是各种价值主张建构社会制度的过程。

林肯（Y. S. Lincoln）与库巴（E. G. Guba）作为“第四代评估”理论的代表，两人指出以前的评估理论都对政策的目标、价值、方法、内容、过程缺乏深刻的思考。所谓第四代评估，是回应式评估，又称为建构主义的评估，采用注释型方法作为方法论，注重在复述、分析、批判、再复述、再分析这些过程中进行持续不断的辩证工作，从而希望能够共同构建案情。① 林肯和库巴提出的“第四代评估”理论，其本质是对批判的评估理论的发展，该理论将批判理论作为基础，着重围绕将评估的政策方案所产生的多元认识转换到共同认识之上，转变的过程也即批判性评估的过程。②

二、国外立法评估发展状况

立法评估在国外有多年的发展历史，完善的评估制度已经在许多国家建立。目前，美国、英国、日本、加拿大、荷兰、经合组织等国家或国际组织都已经施行与立法前评估和立法后评估相类似的制度。这些制度或称为监管分析（Regulatory Analysis），或称为规制影响分析（RegulatoryImpact Analysis），或称为规制影响评估（Regulatory Impact Assessment）以及立法预测（The Prediction of Legisla-

---

① E. G. Guba，Y. S. Lincoln. Fourth Generation Evaluation. Burberry Park：Sage. 1989.

② 邓剑伟，樊晓娇．国外政策评估研究的发展历程和新进展：理论与实践［J］．云南行政学院学报，2013（2）．

tion）等。① 总体而言，立法评估日益成为发达国家有效提高政策规制科学性的措施，并且也逐渐被发展中国家采用。

德国20世纪70年代，对立法后评估的制度化与程序化改革进行了首次尝试。2001年，在联邦内政部门的组织下，出台了《立法效果评估手册》等相关制度方案。

欧盟内部在20世纪80年代，开始关注立法评估。随后，相关的立法方案在90年代逐步推进，到今天基本的制度框架已经形成。

美国立法评估工作的顺利展开使联邦政府能越来越快地掌握法律制度实施的社会效果，从而对制度进行及时的完善修订。以美国《灵活规制法》（Regulatory Flexibility Act）为例。1980年，该法案被国会通过。联邦各部门陆续开展了对该法的评估。在经过评估后，该法案才真正得以施行。1992年，时任总统老布什要求联邦政府预留立法评估窗口。1995年，克林顿发布的12866号令，规定联邦政府制定重要的行政法规时，应当进行成本效益评估。②

由此可见，立法评估已经成为西方国家法律实施和运行的必然阶段。无论是在法律实施之前，还是在法律实施之后，评估都是必不可少的。法律实施之前的评估集中于成本效益，法律实施之后的评估侧重于社会效果。我国目前通行的做法是，在法律实施之前做可行性调研或者征求立法草案意见。相对于西方国家而言，我国的立法评估，一方面不够全面，另一方面也多是定性研究，缺乏具体的标准规范和方法程序。因此，借鉴西方国家成熟的政策法规评估

① 仵琼．国外立法前评估制度的比较评析［J］．南都学坛（人文社会科学学报），2015－5，35（3）．

② 俞荣根．立法后评估：法律体系形成后的一项重要工作［J］．西北政法大学学报，2011（1）．

经验已经成为当代中国政策法规评估理论发展的重要途径。

以下将详细介绍英国、瑞士、日本的立法评估发展情况。

（一）英国的立法评估发展

1986年，英国政府正式颁布了《促进商业发展而不是设置障碍白皮书》。在制度层面正式提到了立法评估的重要性，首次奠定了立法评估制度的法律地位。1988年8月，英国首相又指出，对商业、志愿组织、慈善事业产生影响的规章，若不对其进行规制影响评估，部长们将不会对此进行考虑。“良好规制原则”已经成为法律制定必须遵循的原则。随后，《规制改革方案》的出台又进一步推动了立法评估制度的发展。

英国的立法评估工作主要由四方主体来完成：①立法者。在英国的立法评估中，立法者的地位十分重要。相较其他国家，英国的立法者更加积极地参与到立法评估中，并占据关键地位。这与英国的立法者地位相关，又与法治文化的发展相关。②政府机构。③大臣、部长以及议会。《规制影响指南》指出：将法案提交议院前，相应的部长会以个人的名义对规章影响签署评价。最后，政府也要求承担规制责任的部长定期向规制责任小组进行汇报。[①] ④公众。由于拥有良好的法治基础和议会制度，英国公众在立法评估中的参与程度非常高，而且英国政府也开拓了公民参与立法评估的多元渠道：电话、邮件、信件等。这极大地推动了立法评估制度的发展。

英国立法评估的方法有：乡村检验、财政支出与经济效益、健

---

① 孙晓东．立法评估的制度构建分析［J］．经济与社会发展，2014（4）．

康影响评价、政策公平评估、气候影响评价等。① 此外，英国还公布了立法评估的3E标准。3E标准包括："经济性"（Economy）、"效率性"（Efficiency）、"效果性"（Effectiveness）。② "经济性" 主要从经济成本的角度出发，尽量减少成本投入。"效率性" 指的是，在立法评估中，需要从成本效益出发，考量法律制度实施的经济成本和社会效益，尽量以最小的经济成本获得最大的社会效益。"效果性" 主要从法规制定时的预期效果和实际效果的实现程度出发，强调尽可能地使实际效果达到预期效果。

英国立法评估的最大特点是公民的参与程度高。英国作为拥有悠久法律传统和议会制度的法治国家，公民参与社会立法的程度非常高，这在立法评估中得到了充分的体现。这对我国当下立法评估工作的开展具有重要的借鉴意义。

（二）瑞士的立法评估发展

20世纪80年代末期，瑞士开始出现立法评估制度，到20世纪90年代，该制度正式获得联邦委员会的批准，确立了其法律地位。1996年，瑞士评估协会创建。随之，联邦宪法在1999年增加了第170条条款，具体规定对瑞士联邦通过的政策法规，联邦议会应当对其进行评估。

在瑞士有权进行立法评估的是联邦议会工作机构和联邦司法与警察部。立法评估需要经历一些复杂的程序：第一，起草或者提起法律草案。这一过程由专门的政府机构或者政党组织的工作组完成。第二，草案提交立法机构，由相关负责的政府官员审核确认。在法

---

① 孙晓东. 立法评估的制度构建分析［J］. 经济与社会发展，2014（4）.

② 郭磊. 国外立法评估对我国的启示［J］. 商品与质量，2011（6）.

案起草过程中，立法评估仅涉及立法效果的某一阶段。该阶段的主要任务是对财政支出、制定法律的成本等进行核算并产生报告。在草案提交之后，评估程序进入咨询阶段。这一阶段的评估相对更加严格。对于该阶段所产生的咨询意见，全部需要记录、整理，并汇总成报告，予以归档。这一程序被法律确认，成为必经阶段。第三，立法机关需要依据咨询的结果再次审查法案，审查通过的最终法案文本由联邦委员会出台。联邦委员会依据收到的草案反馈建议决定是否将法案提交议会。

显然，瑞士立法评估的突出之处就是充分吸收各政党、社会团体、利益集团等社会各方面的意见。通过畅通立法反馈渠道来引导各群体参与到法律起草的协商和决策过程中，从而使立法尽可能地满足大多数人的利益需要。

（三）日本的立法后评估发展

20 世纪 90 年代初，日本开始立法后评估工作。比较典型的做法有："事业评估""行政评价"及"政策评估"。① 2002 年，《行政机构实施评估政策的有关法律》的颁布，标志着日本立法后评估制度的正式形成。

综观日本立法后评估制度的发展历史，我们可以发现明显的"自下而上"的特点。不同于西方国家的中央政府主导模式，日本的立法后评估制度往往以地方试点为序幕，通过小范围的试点，逐步探讨制度的可行性，完善制度的缺陷。在此基础上，中央政府再进行推动，最终形成适用全国的制度体系。

日本立法后评估主体有：①行政评价局。总务省设立中央评价

① 王东海．立法后评估制度研究［J］．北方工业大学，2014.

局，负责评估内阁办公室和政府部门的法律政策。②内阁、政府各部门以及地方的政府部门。③政策评价与独立行政机构评估委员会。该委员会成立于2001年1月，委员主要来自全国各领域富有声望的专家、学者或者其他名人，总数在5000人左右。委员的任命须获得总务大臣的认可，委员主要负责行政调查以及行政监察方面的工作。[①] ④独立行政法人评估委员会。行政法人评估委员会最初是评估独立行政法人的政策实施情况，之后由于实践的需要而成为独立的政策评估机构。[②]

日本立法后评估的方法主要有：观察法、调查问卷法、文献调查法、访谈法等。日本的立法后评估在实践中产生了显著的成效，推动了对政府法规的清理。

日本立法后评估制度的特点主要表现为：①结果导向型。从既有的政策里选取国民关心度较高的项目，对政策实施和效果的相关性，及依据外部的原因而实施的政策所产生的效果做出详细的分析与评价，这是继续对政策的修改与重估。[③] ②评估模式独特。日本的立法后评估有两种类型：一是独立型评估模式，它对立法的效果、实施状况进行有针对性的专门评估；二是附带型评估模式，当考察某项事业时，对其依据的相关规章也进行附带评估。[④] 相比较而言，第一种评估模式主要面对的是单项立法，对于单项立法的评估具有专业性和专门性。第二种评估模式面对的立法范围较大，主要是类别法。对于某项事业背后的法律制度体系做出评估，最终得出的是

① 孙晓东．立法评估的制度构建分析［J］．经济与社会发展，2014（4）．

② 王林生，张汉林．发达国家规制改革与绩效［M］．上海：上海财经大学出版社，2006．

③ 龚深弟．日本实施政策评价工作——“城市铁道建设应有状态”评论概要［J］．现代城市轨道交通，2006（2）．

④ 李鸿飞．立法后评估制度研究［J］．中国海洋大学，2008．

整个行业法律的实施情况，具有普遍性和概括性。③公众参与度高。这一点与英国的评估相同。日本公众参与立法评估的程度非常高，公众会以各种方式来表达自己对法律的认可程度。公众的满意度的高与低对法律制度的修订、实施、废止具有重要作用。①

综上所述，英国、瑞典、日本的立法评估制度都有自己的特点，对我国立法评估制度的发展具有借鉴意义。首先，各国都注重公众参与在立法评估中的作用。法律实施的目的是满足各方面的利益需要，只有充分地吸收公众意见，才能使立法目的得以实现。其次，各国都注重评估方法的改革和完善。立法评估不能仅以定性评估为主，还需要与定量结合。最后，各国对于立法评估都高度重视，经过长期的实践，各国已经建立起相对完善的立法评估制度。

第二节　国内政策法规评估的发展状况

20 世纪 80 年代初，我国兴起了对政策法规评估的研究与实践。学术界对西方政策科学理论进行了大量引入，并与我国的政策运行实践相结合，在建设中国特色的政策法规理论体系方面取得了显著的成绩。然而对政策法规运行的各环节的研究却存在失衡的现象，对于政策法规执行环节、政策法规制定方面的研究投入多，理论成果也较明显，但在研究的深度和广度上仍存在不足。

① 汪全胜．日本的立法后评估制度对中国的启示［J］．中州学刊，2009（5）．

一、国内政策评估文献研究概述

政策科学研究在我国起步较晚，历经30多年的发展，从无到有并逐步完善。然而我国的政策科学仍然是发展中的一门学科，尚不成熟，不能与改革开放以及现代化建设的需要相适应。与法学、经济学及社会学等其他学科相比，该学科还存在明显的弱点。① 尤其是在标准和方法中，我国至今没有形成完善的政策评估标准和科学的评估方法。这已经成为政策评估的发展“瓶颈”，亟待解决。

（一）国内政策评估的相关理论观点

国内对于政策评估的研究众多，论述颇丰。但是对于一些政策评估的核心问题，学者们仍存在众多争议，尤其是在评估方法和评估标准方面。

1. 对政策评估方法的争议

廖筠认为，政策评估的通常做法有：前后对比法、成本法（包括成本—收益分析和成本—效能分析）、计量经济模型等。② 但是，我国的政策评估方法比较单一，多是定性研究，量化研究不足。他认为，之所以出现这样的情况，一方面与政府的评估思维有关，另一方面与我国的统计工作不足相关。王传宏和李燕凌则认为，政策评估的方法应该有：定量评估、定性评估与定量定性

---

① 李瑛，康德颜，齐二石．政策评估理论与实践研究综述［J］．公共管理评论，2006（1）．

② 廖筠．公共政策定量评估方法之比较研究，现代财经［J］．天津财经大学学报，2007（10）．

结合评估方法、过程评估方法、对比评估方法。① 周炼石从价值出发，将评估方法分为伪评价、正式评价和决策理论评价。② 谢明则认为，政策评估方法应该包括前后对比法、专家评估法、目标群体评估法、执行群体评估法。③ 由此可见，不同的学者对政策评估方法的表述不同。虽然学术上百家争鸣是普遍的现象，但在制度实施时，方法的混乱与争议会给实践带来很大的困难。这需要学者们进一步研究，对评估方法进行总结归纳，得出当前评估方法的共性，从而指导实践。

2. 对政策评估标准的争议

评估标准是政策评估中最为关键的问题，评估方法等都是在此基础上形成的。尽管我国学术界不缺乏对评估标准的研究，但从整体来看，与西方国家相比仍略显不足，尚需完善。当前，“3E 标准”（经济性、效率性、效益性）是许多国家所采纳的普遍标准。对我国而言，学者们对标准问题还有很多争论④。主要观点有：①李燕等主张，依据效率性原则，可以归纳出效果、效益、效率、社会公众、生产力标准。这种主张的根基还是来源于“3E 标准”，只是将“效益性”标准的内涵进行挖掘和拓展，实质并没有理论创新。②依据事实和价值两分法，谢明则主张事实标准和价值标准。⑤ 事实标准主要指政策在现实的实践情况与预期目标的实现程度，价值标准则是

① 王传宏，李燕凌．公共政策行为［M］．北京：中国国际广播出版社，2002.

② 周炼石．政策分析（公共管理硕士教材系列）［M］．上海：上海交通大学出版社，2006.

③ 钱再见．公共政策学新编（公共管理专业系列教材）［M］．上海：华东师范大学出版社，2006.

④ 廖筠．公共政策定量评估方法之比较研究，现代财经［J］．天津财经大学学报，2007（10）.

⑤ 谢明．政策分析概论（公共管理硕士系列教材）［M］．北京：中国人民大学出版社，2004.

政策背后的社会价值主张。持此相同主张的还有宁骚等人。虽然在表述上不同，宁骚在实施事实价值两分法的基础上增加了技术标准，但其内在基础是一致的。③不同于以上依据“3E 标准”演化的主张，张国庆提出了新的观点。他认为，可以分为首要标准和次要标准。如果评估的对象是一个整体或者全局，则应当采纳首要标准；反之，是单元或者局部，应当适用次要标准。[①] 简言之，首要标准着眼于全局和整体，是宏观规律性的体现。次要标准立足于局部和个体，是具体应用。显然，这相对于当前的一般主张而言，有独特的视角，是评估理论研究的一大突破。遗憾的是，张国庆并没有对首要标准和次要标准的内涵进行解析，只是提出了概念和框架，在实践操作中还需进一步拓展和研究。

从我国学者的研究现状来看，研究视角集中于“3E 标准”的介绍和延伸，或提出单一的学术主张。从整体而言，仍然局限于个体或者局部研究。当前，社会环境日益复杂多变，存在各种价值主张，这给政策评估带来了更多的挑战。如果我们还是将眼光局限于某一具体标准或者局部标准，则难以适应社会的发展。我们不可能以单一的评估标准来概括整体，在很多情况下，对于政策的评估，我们应当运用多种标准，但是对于多种评估标准的分析和研究，我国学术界仍处于空白。因此，从总体上来看，虽然在介绍西方评估标准理论上，我国学术界已经相当完善，但是在创新和发展上，缺陷依然十分明显。政策评估标准研究不应当仅是西方评估标准的简单拓展和延伸，还需要结合我国的国情，提出适应中国社会的评估标准。

① 张国庆．公共政策分析导论［M］．北京：北京大学出版社，1998.

（二）国内政策评估的实证研究

我国政策评估的实证研究仍然停留在价值评估层面上，缺乏对事实数据的准确归纳，发展十分失衡，具体表现在：①重性质判断，轻数量分析。从学者的理论来看，我们发现，运用伦理学、社会学等价值分析的较多，但是从数学、统计学等实用科学的角度来分析的研究却较少。②对政策的实施分析总结较多，对政策发展的未来预测评估较少。③评估指标不全面，评估指标多是经济指标，社会指标、政治指标、文化指标，缺少综合性研究视角。④分析视角多停留在微观领域，缺乏对整体和全局的评估预测。

综上所述，我国学术界的研究问题，主要有两方面。①研究多局限在定性上，定量分析明显不足。对于政策的制定者而言，定性分析是基础，但是定量分析却是关键，评估者更需要掌握的是政策实际运行的现状，而这些现状需要一系列生动具体的数据来体现，并不是简单地公平公正的价值分析。②分析着眼于局部个体较多，立足于整体全局较少。不管是从评估指标还是分析基础来看，学者的立足点局限较多。政策评估最终服务于社会，而非仅服务于政策，微观研究固然能明晰政策实施现状，但是缺乏整体眼光，难以从变化发展的角度把握政策，由此产生的社会问题隐患增加。

可喜的是，随着社会的发展，以政治体制改革为主导的政治文明建设不断推进，政策评估的重要性越来越被政府和学术界关注，政策评估理论的发展也进入了新的历史阶段。并且，社会科学和自然科学的发展，为政策评估提供了更多可供选择的方法和理论，特别是互联网技术、统计学以及数学在政策评估中不断被应用，这为政策评估研究提供了更加坚实的技术基础。因此，从现状和未来发展来看，我国政策评估的实证研究已经开始呈现系统化、数量化、多样化的发展态势。①

二、国内立法评估制度的建立与发展

自2000年后，我国各地逐步兴起了立法评估工作。上海、安徽、江西、北京、甘肃等地方人大以及政府陆续展开了对地方性法规、规章的评估工作，具有中国特色以及地方优势的立法后评估体系已初步形成。地方政府的先行试点为全国性政策评估制度的建设奠定了坚实的基础，但是需要指出的是，以地方政府为主导的试点问题也十分明显，立法评估以地方政府或人大为主导，各自为政，标准不一，这给全国范围内的立法评估制度体系的建立带来了很大困难。

2004年，国务院正式颁布了《全面推进依法行政实施纲要（国发〔2004〕10号文件）》，首次确认了立法评估的地位，特别指出，地方政府在立法中需要考虑成本效益。立法评估的重要地位在此规定中基本确定。

全国人大常委会委员长吴邦国在2011年3月召开的第十一届全国人大四次会议第二次全体会议中宣布，中国特色社会主义法律体系已形成。② 这表明我国立法工作已迈向新的时期，此时立法工作的重点是对中国特色社会主义法律体系的完善，从对立法数量关注转变到关注立法质量。③ 提高立法质量意味着，立法时不仅应对民主立法、科学立法予以关注，也必须对法律的实施以及实施以后的评估

① 宁骚．公共政策学［M］．北京：高等教育出版社，2003.

② 王锡明．地方立法后评估程序研究［J］．人大研究，2011（10）：28.

③ 李洙，蒋建湘．立法后评估的实践与反思——以长沙市地方规章立法后评估为视角［J］．中南大学学报（社会科学版），2012（6）.

工作进行关注，及时对法律法规做出废止、失效及修改等清理。

国务院新闻办公室于 2011 年 10 月发布的《中国特色社会主义法律体系》白皮书中，再次强调了立法评估工作的重要性，对立法工作提出了新的要求，即从“建构式”的立法向“完善式”的立法转变，由追求立法的“量”转向立法的“质”，以改进立法工作、提高立法质量为目标的立法评估俨然成为立法工作的一个重要的环节。

（一）地方立法评估工作

2000 年山东省人大常委会启动“立法回头看”活动，这是全国首个地方政府开展的立法评估活动，也标志着地方政府立法评估工作的序幕被拉开。各地方政府紧随其后，立法评估工作有序展开。至今，全国大部分的省、直辖市、自治区都已经开展了立法评估工作。

山东省人大于 2000 年以《私营企业和个体工商户权益保护条例》《产品质量实施办法》《法律援助条例》和《就业促进条例》的法律法规为示范样本，逐步开展立法评估工作。

北京市人大常委会在 2004 年开展了法规质量评估机制课题研究和指定合法性评估工作规程等工作，2005 年又以《城市规划条例》《北京市实施〈中华人民共和国水污染防治法〉办法》《安全生产条例》《宗教事务条例》等法规作为评估对象，进行立法评估工作。①

2004 年重庆市人大常委会初步评估了本市约 160 件地方性法规。不仅成立了法规评估研究小组，对法规质量评估工作进行研究，而

① 熊菁华．地方性法规质量评估制度之实证分析［J］．人大研究，2006（2）．

且市人大法工委也对法规的实施情况进行了摸底调研。

上海市法工委、人大法制委在2005年对已经颁布施行了三年的《历史文化风貌区和优秀历史建筑保护条例》进行了评估工作。

哈尔滨市政府于2008年1月14日颁布了《哈尔滨市政府规章立法后评估规定》，拉开了立法评估工作序幕。

2008年12月22日广东省政府颁布《广东省政府规章立法后评估规定》指导立法评估工作。这是首个由省级以上地方政府颁布的立法评估工作法律制度，也是当时法律效力层次最高的立法评估工作法律制度，意义重大。广东省人大常委会于2010年针对《广东省实施〈中华人民共和国民族区域自治法〉办法》展开立法评估工作，同时也对《广东省流动人口管理规定》及《广东省高等学校学生实习与毕业就业见习条例》开展评估。

在以上地方政府的带动下，无锡、大连、西安、南京等地方政府的立法评估法律制度规章陆续颁布，全国性地方政府的立法评估工作开始有序进行。

（二）中央立法评估工作

2006年，财政部开始对《会计师事务所审批和监督暂行办法》及《注册会计师注册办法》进行立法评估，拉开了国家部委立法评估工作的序幕。

2008年，全国人大环境资源委员会对水环境保护相关法律进行了立法评估工作。

2010年，全国人大常委会法工委对《中华人民共和国科技进步法》进行评估，这是全国人大常委会法工委第一次开展立法评估工作。这一工作的开展对于人大主导下立法评估工作模式的推进起了很大的促进作用，意义重大。

综上所述可以看出，虽然与国外相比，我国立法评估工作开展时间不长。但是经过十多年的发展，立法评估工作在我国已形成较大规模，有常态化及制度化发展的趋势，取得了可喜的成绩。但是，我们也应该看到我国立法评估工作仍存在较大的不足，作为一般意义的立法评估包括评估内容、评估主体、评估程序及评估标准等，“以什么标准来评”这一问题对评估过程以及结果的客观和公正度具有一定的影响，这是立法评估理论体系所需处理的核心问题。当前各地的立法评估标准具有多样化态势，国家层面也没有出台统一适用的立法评估标准，因而探讨与研究与之相关的问题十分重要。

第二章
政策法规评估的基本理论

政策法规评估是一个新的理论研究领域。20 世纪 30 年代，政策法规评估理论在西方开始萌芽。20 世纪 50 年代后期，随着社会科学方法在公共政策评估中的逐步应用，政策法规评估理论在国外得到了充分的发展，评估理论的体系也逐渐形成。然而，与国外相比，我国的政策法规评估活动及研究工作仍处于初级阶段，相关理论研究不多，评估经验十分欠缺。随着党中央国务院执政能力的加强和依法治国的深入推进，作为国家治理的重要辅助措施——政策法规评估将会越来越受到各级政府及学术界的关注，政策法规评估理论研究的春天必将到来。

基本理论的研究是政策法规评估工作有序开展的前提。政策法规的评估对于规范政策法规的制定和实施具有重要的作用，而政策法规的基本理论又是评估工作开展的基石。通过对政策法规基本理论的研究，可以解决当前政策法规评估实践中存在的诸多难题。一方面，通过探究挖掘基本理论来充分论证政策法规评估的合法性和正当性，解决由于缺少基本理论指导而带来的评估工作的合法性和正当性的危机；另一方面，基本理论是制度设计的前提和基础，只有在深入掌握基本理论的基础上，政策法规评估工作的实践才能有的放矢、稳中求进。制度的设计离不开基础理论的指导。反观当前，政策法规评估实践工作已经如火如荼，但带来的问题也十分突出。解决这些问题离不开对基本理论的深入探究。因此，回归到制度的原点建构政策法规基本理论十分必要。

在本章节中，首先对政策法规的内涵和范围进行界定，在此基础上研究政策法规的目的和功能以及相关利益群体。其次，运用社会科学及自然科学的分析方法，对政策法规评估的方法和标准进行讨论。

第一节　政策法规评估的基本问题

科学的理论研究建立在具体分析的基础之上。对于人文社会学科而言，基本概念作为一个重要的分析基础，是开展理论研究必不可少的条件。因此，对于政策法规评估理论体系的构建，首先需要界定研究对象的基本概念。以基本概念为出发点，继而研究政策法规评估的方法、程序乃至社会效果等。具体而言，这些研究的基本问题应当包括：政策法规的范围、效果、目的及评估的方法和程序等。只有明确这些问题，我们才能在此基础上展开进一步研究，进而构建评估理论体系的大厦。

一、政策法规评估的界定

任何一个概念都有外延和内涵。研究概念的前提便是确定概念的外延范围。政策法规作为一种事物，虽然在人类社会历史上早已存在，但作为科学研究对象出现的历史并不长。政策法规涉及的范围十分宽泛，小至个人生活，大到国家政治，政策法规无所不在。

因此，我们有必要对政策法规的基本概念和外延范围做出分析，尤其是将政策法规纳入评估的范围内，其外延的界定显得更为重要。在进行评估之前，我们必须确定评估范围。

对政策法规进行评估的根本原因是社会原因，通过评估，不断完善政策法规，推动社会发展。因此，确定政策法规评估的范围时，我们必须考虑社会因素即政策法规的社会重要性。由于任何政府行为都需要社会成本和经济成本，我们不可能对所有的政策法规进行评估。考量之下，社会重要性越大，评估的可能性越大。

在考量社会重要性的同时，我们还需要考虑现实因素。政策法规的评估是一项十分复杂的工程，所耗费的人、财、物等成本非常高，我们不可能对所有的政策法规进行评估，只能选取部分评估。在确定评估对象时，必须要考虑评估的政治、经济、文化、社会成本。

此外，由于政策法规的最终目的是服务社会，因此，我们必须要明确社会公众的关注点，需要将社会公众的关注程度因素考虑在内，同时，也要将执法产生的影响纳入其中。

综上所述，在权衡社会重要性和现实成本因素的基础上，政策法规评估的范围应当包括：①对人民群众的切身利益产生重大影响的政策法规；②因为社会经济形势的变化需修改的政策法规；③公权力较集中的政策法规。进行这样界定的意义在于：首先是，政策法规应是最广大人民的根本利益的反映，对关乎群众利益的法律进行评估，是执政为民、立法为民的理念体现。其次，由于社会经济的迅速发展，新问题、新情况不断出现，对政策法规提出了新的要求，评估这些反映社会问题较集中的政策法规，能够及时发现制度设计中与社会环境的不协调处，从而准确地变更、完善，以适应社会经济的发展要求。最后，公权力集中化的地方往往是腐败滋生的地方，多种权力集中，缺乏监督制约，问题自然难以避免，对这些法律进行评估，向社会公示，能够有效地对政府的公权力行为进行监督和制约，减少因制度设计的瑕疵而给社会公共利益带来的损失，从而有效地减少或者避免腐败现象的产生。

二、政策法规的社会效果

基本概念是政策法规评估理论体系建立的前提和基础，社会效果则是政策法规理论存在与发展的核心和关键。任何一种理论的根本目的都是服务社会，脱离社会的理论是虚无主义的产物，对社会实践毫无作用，其消亡不可避免。因此，研究政策法规的社会效果是我们需要解决的第二个问题。

政策法规的社会效果可以分为两大类：显性化效果和隐性化效果。显性化效果就是在短期内能直接达到的效果，并且很容易被社会公众所感知；而隐性化效果则在短期内不能达到，且一般社会公众很难直接感知，只能通过归纳总结来间接感知。如计划生育政策。计划生育政策实施以来，全国人口总量的增长得到了明显控制，增幅降低。这是政策实施的直接效果，能被普通公众感知。随着计划生育的不断贯彻和医疗水平的提高，全国出生人口和死亡人口的相对比例发生了巨大的改变，致使很多城市加快了社会老龄化的现象。显然，对于后一种社会现象的出现，普通公众很难感知，需要专家学者依据已有的事实做出归纳分析后才能得出。这谓之为隐形化效果。因此，评估者不仅要关注政策法规的显性化效果，也要关注政策法规的隐性化效果。

三、政策法规的目的

制度有必要由目的来引导。目的能够设立评判既存的制度的基准，并据此开拓出变革之路。同时，如果真心真意地贯彻目的，那么目的也自然可以制约行政裁量，从而也可以缓和制度屈服于任何社会压力的危险。① 政策法规的目的决定行为，是一切评估行为的出发点和落脚点。评估主体的确定、评估对象的选择、评估方法和评估标准的确定等都离不开政策法规的目的。因此，在政策法规评估中，政策法规的目的是一个必须考量的关键因素。一般认为，政策法规的目的可以分为三个层次：根本目的、基本目的和现实目的。

（一）根本目的

政策法规的根本目的是政策法规本质的反映，一般可以分为政治目的、经济目的、社会目的和价值目的。

1. 政治目的

政治目的是政策法规实施和执行的必备条件。政策法规是政府活动的产物，必须反映政府的执政理念和政治追求。例如，依法治国基本国策的制定，一方面，反映着政府建设法治国家的决心；另一方面，又反映着中国共产党坚持执政为民的基本理念。因此，政治目的是一切政策法规制定的灵魂和关键。在评估政策法规时，必须考虑政策法规制定的政治目的。从政治目的出发，抓住政策法规背后的政治主张，坚持正确的政治立场，从而做出正确的评估。

① 转引自塞尔兹尼克．转变中的法律与社会［M］．北京：中国政法大学出版社，1994.

2. 经济目的

经济目的是政策法规实施和执行的必要保障。一切公共政策和法律制度的实施都离不开物质条件，需要投入大量的人力物力。现有的成本效益（效率）分析法便是经济目的下的重要方法。对制定的政策法规做出成本效益的分析，比较政策法规制定和实施的经济成本，在“效益”和“成本”两者间做出权衡比较，如果效益远远大于成本，说明政策法规的实施能带来经济上的正向收入，在经济效果上是成立的；反之，效益小于成本，说明政策法规的实施会产生经济负担，在经济效果上是失败的。

3. 价值目的

价值目的是政策法规实施和执行的价值准则和行为引导。政策法规本质上是人类基本行为的社会表现形式，遵循人类社会的基本价值准则。在制定政策法规时，需要考虑政策法规背后反映的社会价值取向，如公平正义等。

4. 社会目的

社会目的是政策法规制定和实施的关键和灵魂。政策法规的社会目的在一定程度上与经济目的相似，都需要考虑效益问题。只是经济目的考虑的是经济成本和经济效率，而社会目的则是社会效益。因此，社会目的的权衡比较方式与经济目的相同，都是做成本—效益比较。公共政策的实施，社会效益大于社会成本，会带来正的社会效益，在社会效益上是可行的；反之，社会效益小于社会成本，会引起负的社会效益，在社会效益上是不可行的。

在评估政策法规时，不应当仅从某一种目的出发，还应从多种目的进行综合分析，从而得出全面的结论。例如，以制定的环境保护政策为例：从价值目的出发，环境保护已经成为现代社会的基本价值，保护环境，建设绿色社会，不仅利于当代，更益于千秋；从政治目的出发，环境保护政策是中国共产党与时俱进，不断提高执政理念，执政为民的具体体现，环境保护关系着亿万人民的切身利益，是义不容辞的责任；从经济目的出发，环境保护政策的制定和实施虽然在短期内降低了国民经济的增长率，但从长远来看，绿色低碳社会的建设对调整国民经济结构，转变经济增长方式具有重要的意义，良好的环境是中国社会全面可持续发展的基础。综合以上三个目的，环境保护政策的出现是符合国情，利于当代，益于千秋的。因此，政策法规的评估也是对各个目的综合分析和权衡比较的过程。

（二）直接目的

在制定政策法规时，一般与直接发生的社会问题有关。政策法规的直接目的相比较根本目的而言，具有现实性和直接性，一般包括：维护社会稳定、促进经济发展、改善城市环境、调节社会分配、加强政府自身建设、提高生活水平等。

虽然政策法规的目的比较容易确定，但在实践中仍然存在问题。目的的确定多是以定性分析为主，缺少定量分析，特别是对根本目的和直接目的的分析。根本目的具有长期性和本质性的特点。直接目的具有现实性和短期性的特点。然而，都存在难以定量分析的问题。

1. 根本目的难以指标量化

根本目的的抽象性和概括性难以在短期内用数据准确地分析。并且，在制定政策法规时，对于根本目的的概括往往用抽象的词语代替，缺少具体的量化指标。量化指标的缺失直接影响后期的定量分析。

2. 直接目的的量化指标缺少科学性

由于量化分析的方法在实践中使用的时间较短，导致在设计时，并没有充分考虑到各个指标的科学性和合理性。尽管存在量化指标，但指标多流于形式，并不能全面准确地反映直接目的。在实践中，还需要进一步考虑量化指标与直接目的之间的关系，从而设计出科学合理的量化指标。

3. 根本目的与直接目的之间的协调性不足

直接目的的设计是为了反映根本目的。因此，从某种程度上说，根本目的决定直接目的，直接目的反映根本目的。但是，从现实的情况来看，直接目的的评估指标设计与根本目的缺少科学联系。

四、政策法规的评估意义

政策法规评估不仅在现代管理学中具有重要地位，而且在政府活动中占有关键位置。各国对于政策法规评估的理论和实践都高度关注和重视。总体而言，政策法规评估的意义主要体现在两个方面。

（一）现代管理科学发展的意义

1. 丰富了现代管理科学的研究内容

由政策评估所引起的管理学革命已经成为当代社会发展的重要现象。政策法规评估中涉及了管理的很多内容，为现代管理学提供了新的研究内容。

2. 完善了现代管理科学的研究体系

政策法规评估特别强调对政策实施后的社会效果评估，一方面丰富了现代绩效评估的研究方法和思路，另一方面立法后评估为现代管理科学带来了新的研究方向。

3. 改进了现代管理科学的研究方法

在政策法规评估中，大量的科学研究方法的引进为现代管理提供了更加多样的方法工具。特别是以定量研究为基础的数据分析方法、数学分析方法、模型建构方法等，完善了现代管理科学的研究方法，进一步推动了现代管理科学的发展。

（二）现代政府发展的意义

1. 推动了责任型政府的建设

政策法规评估的中心围绕着政府责任的建设。在评估中通过设立具体的指标进一步明确政府责任，切实监督政府履行责任的程度，督促政府自我完善、自我进步。政策法规评估对完善责任型政府建设具有重要的意义。

2. 推动了透明性政府的建设

现代政府建设越来越朝着“阳光化”“透明性”发展。“透明性”政府不仅能有效地推动公众监督政府，还能激励督促政府自我完善。政策法规评估则是“透明性”政府建设的具体体现。通过一系列科学的评估指标的设立，公众能够清晰地感受到政府履职的程度，充分参与到社会公众事务中。政策法规评估工作推动了透明性政府的建设。

3. 推动了高效性政府的建设

效率不仅是市场经济的价值追求，也是现代政府建设的重要方向。以效率为核心的政府绩效评估是政府工作的重要考量方式。政策法规评估则是具体对政府的施政行为的考量和评估，不仅能有效地处理因机构膨胀而引起的工作低效的弊病，而且能进一步激励政府工作人员提高工作效率。

4. 推动了诚信政府的建设

在传统的行政管制思维下，政府对经济以及社会生活进行了过多的干预，且干预的手段过于简单强硬，在政府管理中忽视了民众对政府管理的满意度，降低了公民对政府的信任。政策法规评估活动，能够推动公民积极地参与社会公共事务，密切政府与公民的联系，形成社会共治的氛围。在这种环境下，公民与政府互相促进、共同发展，形成良好的互信氛围。因此，评估活动有效地推动着诚信政府的建设。

五、政策法规的相关利益群体分析

政策法规的目的决定政策法规的相关利益群体，而相关利益群体的行为又影响政策法规的评估。政策法规的核心要素为“利益”，利益贯穿着政策法规制定、实施、废止的全过程。政策法规对于不同群体的影响不同，产生的社会效果也不同。不同的利益群体之间存在矛盾、冲突，政策法规的评估必须建立在不同群体利益诉求的对立统一的基础上。因此，对相关利益群体进行分类是政策法规评估顺利进行的关键。

卢斌在《当代中国社会各利益群体分析》一书中提出，利益群体是指因共同利益、共同价值、共同态度或共同职业的利益而将个体相结合，从而形成正式的或非正式的利益集合体。[①] 在当代社会，利益群体涉及公民生活的方方面面，影响广泛。但不同于一般群体，利益群体的组织形式具有不确定性，利益群体并不以固定的组织形式存在。维系利益的纽带是共同利益，而非组织形式。因此，对利益群体进行分类时必须以“利益”为核心。当前，学术界对利益群体的分类方法主要有以下几种。

1. 阶级分类法

阶级分类法是根据利益群体所代表的利益主张，对不同的利益群体进行分类。阶级分类法的哲学依据是马克思主义哲学。马克思认为，任何阶级都有自己的利益主张。在《当代中国十大阶层》报告中，学者们把我国的利益群体划分为十大类：企业经理人员、党政领导干部、专业技术人员、私营企业主、个体工商户、办事人员、产业工人、商业服务业员工、无业失业半失业者、农业劳动者。但是，随着社会经济的发展，传统的十类主体并不能全面涵盖当前社会的所有利益群体。以上海、北京等大城市为例，存在一定的拥有城市户籍的外国人阶层和外来农民工阶层。这些阶层并不在我们划分的十类主体中。因此，阶级分析法只适用在特定的国情和背景下，并不能普遍适用。在社会变革的背景下，阶级分类法已经不能适应利益群体的分类。

2. 功能分类法

功能分类法是根据政策法规的实施对目标群体的作用来分类。一般而言，政策法规的实施对目标群体会产生直接作用、间接作用或无作用。相应地，利益群体可分为直接相关利益群体、间接相关

① 卢斌．当代中国社会各利益群体分析［M］．北京：中国经济出版社，2006－09.

利益群体、非利益相关群体和潜在利益相关群体。[①] 直接相关利益群体是指因政策法规的实施而直接发生效果（效果包括不利或有利）的利益群体，间接相关利益群体是指因政策法规的实施而间接发生效果的利益群体，非利益相关群体是指因政策法规的实施而没有发生效果的利益群体，潜在利益相关群体是指因政策法规的实施在短期内没有发生效果或者发生效果但是不容易感知，需要长时间才能发现的利益群体。功能分类法以“利益”为核心，把握了利益相关群体的本质。但是此类分析方法的缺点也十分明确，直接功能与间接效果的判断十分模糊，在实践上缺少可操作性。功能分析法本质上是定性分析，缺乏科学的可操作的定量指标，因此，如果要在评估工作中大规模的推广功能分类法，首先必须解决定量分析不足的缺陷，只有通过科学的定量效果分析指标的设计，才能使功能分类法在实践中更好地发挥作用。

3. 效果分类法

依据政策法规对相关利益群体产生的社会效果分类，可以分为利益相对受损群体、获益群体以及利益不受影响群体。如果政策法规的实施使某一群体获益，则该群体为获益群体；其他的效果分别对应利益受损群体和利益不受影响群体。然而，在实践中政策法规的社会效果是个复杂的问题，并不能简单地以受益与否的标准判断。在很多情况下，受益与受损是并存的，因此，仅以受益与否的标准去判断社会效果，必然会在实践中产生很多问题，需要我们进一步研究与完善。

---

① 刘嘉音，臧忠鸣，潘旭山，杨立娟．中国公共政策评估理论的基本问题研究［J］．科学与管理，2007（3）．

六、政策法规的评估时点

政策法规的评估时点是政策法规评估工作的关键。评估时点的选择直接决定政策法规效果周期和政策法规影响周期的长短。政策法规效果周期是指从政策法规产生的全过程（包括政策法规的制定、实施、执行）所形成的完整周期。政策法规的影响周期是指政策法规执行实施到终止的时间周期。评估时点的确定必须要考虑政策法规的效果周期和影响周期，不同周期的政策法规的评估时点的设立是不同的。学术界依据政策法规的效果周期和影响周期，将政策法规主要分为短期起效政策法规和中长期、长期起效政策法规。

1. 短期起效的政策法规评估时点的设立

短期起效的政策法规会对人民群众切身利益产生直接影响，其实施后便对相关的利益群体有较大的影响，在公布后便发生效果。所以，短期起效的政策法规在出台后需要立即评估。如城镇退休人员养老金增加的办法，在政策法规公布后便引起广大市民的强烈反应，因此最佳的评估时间便是政策公布后。

2. 中长期、长期起效的政策法规评估时点的设立

相对短期起效的政策法规，中长期起效的政策法规的评估时点设立完全不同。由于中长期起效的政策法规主要解决关系社会经济的重大事件，在制定时程序烦琐，经历的时间长，并且在生效后周期也长。这就导致在短期内我们很难全面评估中长期起效的政策法规。因此，对于中长期起效的政策法规的评估，评估时点不应该是一个点，而是一个时间段。最后，在评估时，还需要依据中长期起效的政策法规发生效果的具体环境来决定。

第二节 成本效益理论

成本效益理论是政策法规评估中的重要理论分析工具，对于评估工作的顺利进行具有关键性作用。一方面，成本效益理论通过成本效益的比较分析，确定了政策法规制定实施的物质基础；另一方面，成本效益理论对成本效益的分析，保障了政策法规制定实施的正当性基础。成本效益分析最初是用测算产生的利益和成本对一项工程或项目的分析评估。目前作为理论工具，成本效益理论已经被广泛地运用到世界各国的政策法规评估中。

成本效益理论在政策法规评估中的应用已经有段历史。自 19 世纪开始，西方国家就有关于公共项目的政策效率问题的讨论。有学者将成本效益分析法引入公共政策的决策程序中，从而展开对公共政策的经济合理性的讨论。“成本效益”的概念首次提出是在法国经济学家朱乐斯·帕帕特的著作中。朱乐斯·帕帕特在其著作中，第一次将成本效益分析以“社会的改良”的概念提出。在此基础上，意大利经济学家帕累托再次解释了成本效益分析的内涵。在不断地探索与完善中，美国经济学家约翰·希克斯和尼古拉斯·卡尔多集前人之大成，构建了著名的卡尔多—希克斯准则。成本效益在政策法规评估中的运用进入了新的历史阶段。

成本效益理论在政策法规评估实践中的应用经历了复杂的过程。最先将成本效益理论在法规评估中制度化的是美国，美国在 20 世纪 70 年代已经确立诸多成本效益评估制度。随着法治社会的进步，英国、德国等西方国家也开始将成本效益理论纳入立法评估中，以立法成本效益评估制度为主的规制影响评估制度（Regulatory Impact

Analysis，RIA）逐渐确定。[①] 显然，成本效益分析在各国的政策法规评估实践中已经得到了广泛的应用和发展，构建中国特色社会主义法制，推动依法治国进程，对成本效益理论的研究和运用已经势在必行。

成本效益理论在实践中典型运用是成本效益分析法。成本效益分析法通过比较项目全部成本效益来开展项目价值评估。具体而言，成本—效益分析将成本费用分析法运用到政府所做出的计划决策之中，计算怎样使用最小的成本能获得最大的效益从而选择最佳的投资决策。这种方法经常被用在需要量化评估公共事业项目社会效益价值的工作上。随着经济的发展，政府投资项目不断增加，同时普通民众的投资热情也日渐高涨，对项目的成本效益的比较分析受到了社会的普遍关注。在这样的社会背景下，成本效益分析法获得了迅速发展，并被世界各国所接受与欢迎。政府项目评估中成本效益理论的成功运用为政府制度改革提出了新的借鉴思路，在制度评估中和绩效评估中，成本效益法得到了进一步发展。至此，成本效益分析法无论是在公共政策的制定和实施中，还是在法律法规的制定和实施中都得到了广泛的应用。除成本效益分析法外，其他类型经济分析工具如经济影响分析法、风险收益分析法、也在政策法规的决策程序中进行了应用。但是，在这些分析工具中，成本效益分析法运用的最广泛，因为其他的工具都无法替代成本效益分析法在公共决策中的作用。

虽然成本效益分析已经成为我国政策法规评估的重要发展趋势，但是成本—效益分析的难度也十分明显。首先，成本包含经济成本、

① 汪全胜，黄兰松．论立法的正当性——以立法成本效益评估制度的建立为视角［J］．山东社会科学，2016（1）．

政治成本、社会成本等，同时，经济成本又分为直接成本和间接成本，对政策法规的直接成本进行确认比较容易，但是政府支出的间接成本却很难确认。其次，在立法过程中涉及的社会成本更是一个难以衡量的问题，在实践中成本效益分析法多关注的是经济成本，社会成本关注度较弱，至于其他成本则更少被提及。可见，成本测算尚有难度，效益评估更是如此。政策法规确定的社会经济效益可能在短期内就能显示出来，却需要较长的时间才能确定。社会经济效益与社会成本类似，其分析对象往往是无形事物，如环境效益、文化效益等。这些无形事物难以用科学的标准界定和分析，评估过程十分复杂。因此，对成本效益理论在政策法规评估中的应用，我们还需要不断地研究和完善。

一、立法成本的界定和构成

政策法规评估不仅是一种制度评估行为，也是一种经济选择行为。在评估时，我们不应该仅关注制度的运行实施情况，还应该对制度制定实施的必要成本和社会效益进行对比分析。政策法规的产生直接关系社会公众的利益，需要我们对社会效益予以评估。因此，对政策法规效益的研究十分必要。

一般而言，政策法规成本效益有狭义与广义之分。狭义的政策法规成本效益仅指政策法规制定过程中的社会成本效益，多关注在政策法规制定的进程中对政策法规设计方案的选择，一般以政策法规的制定为评估范围，没有将政策法规的实施纳入。广义的政策法规成本效益评估则包含了政策法规由制定到实施的全过程，包含政策法规的制定、执行、实施、修订、废止，是一个完整的“由生到死”的过程。在具体的分析中，我们又可以将政策法规成本分为立法成本和实施成本两部分。

"成本"是经济学的基本概念，对"成本"的研究分析贯穿整个经济学的始终。最早对"立法"成本进行考察的，并非法律学者而是经济学者。经济学者从成本分析法出发，对法律制度实施的经济成本进行分析。马克思主义经济学者认为，商品的价值分为可变资本、不变资本以及剩余价值，而前两者的和为成本价格。① 微观经济学者则将经济成本分为"显成本"和"隐成本"。② "显成本"容易以数据材料表现出来，如会计上的财务成本。而"隐成本"多指一些不能被数据准确描述的无形损耗。可见，"成本"是经济学上的重要概念，并且具有复杂的含义。在政策法规评估中运用成本效益分析法，必须对成本的含义做出明确的界定。

由于"成本"本质上是一种经济学概念，法学界对"成本"的认识并不成熟，在研究中还存在很多的争议。法律学者多从法律实施过程出发，将法律实施中的损耗和费用作为成本分析的研究对象。在研究中，学者们还是多关注显性成本，对隐性成本的研究不足。当前，学者对立法成本的认识主要有两种：一部分人认为立法成本是立法过程中的必要物质损耗，如制定法律中的文书费用、调研费用等。③ 另一部分人则认为立法成本还要把立法过程外的法律实施中所耗费的资源包括在内，包含守法成本和法律监督成本等。④ 但是这两种观点并没有全面地界定立法成本的内容。我们可以看出，无论是立法过程中的物质损耗论，还是立法过程外的环境损耗论，其本质仍然是关注法律的实施过程。法律的制定、执行、实施、修订、

① 马克思．资本论［J］．郭大力、王亚南译，上海三联书店，2009：8.
② 厉以宁．西方经济学［M］．高等教育出版社，2000：106.
③ 冯玉军．法律的成本效益分析［M］．兰州：兰州大学出版社，2000：109.
④ 张悦．法律的社会成本［J］．辽宁师范大学，2012.

废止应该是一个完整的过程，我们不应该仅将评估对象局限于实施过程，还应对法律实施之前的成本损耗和法律实施之后的成本消耗进行综合分析。刘少军教授认为，立法成本的界定与研究者的论证范围和体系构建密切相关。[①] 法学界对立法成本的含义尚未形成统一的认识，还需要研究完善。

综合学者的研究，作者认为“立法成本”应该包括法律由制定到废止的全过程，贯穿立法、司法、执法、守法全阶段。既有直接确定的物质损耗的“显成本”，也有需要间接确定的“隐成本”。简言之，立法成本是公民、社会、国家在制定、执行、实施、修订、废止法律的过程中的有形资源和无形资源的必要损耗。凡是在法律制度社会治理过程中的必要损耗成本，都需要纳入评估范围内。立法成本可以分为体制成本、程序成本、实施成本、监督成本。[②]

（一）立法体制成本

立法体制在国家政治生活中占有重要地位，也是立法评估中需要考虑的关键因素。立法体制是指关于立法权限划分的制度的总称，具体是指在一个国家中对各国家机关及其有关人员制定、修改、废止各种规范性法律文件和认可各种法律规范的权限进行划分的法律制度的总称。[③] 我国的立法体制比较复杂，既有地方政府与中央政府的多层次体制，也有适用于港澳地区的特别行政区制度，还有适用

① 刘少军，等．立法成本效益分析制度研究［M］．北京：中国政法大学出版社，2011．51.

② 刘少军，等．立法成本效益分析制度研究［M］．北京：中国政法大学出版社，2011：88－105.

③ 朱力宇．立法体制的模式问题研究［J］．中国人民大学学报，2001（4）.

于少数民族的民族区域自治制度。在立法权力的配置上，全国人民代表大会及地方各级人民代表大会行使国家立法权，国务院及各级政府行使国家行政权，各级法院行使国家司法权。显然，我国的立法体制复杂，构成法律体制的要素众多。任何一种要素的变化都会对整个体制产生剧烈的冲击。尤其是涉及新旧法律的交替，一旦新的法律制定，旧的法律废止，新的法律体系和旧的法律体系之间冲突显现，由此引起的权利变迁和权力分配便会增加立法成本。并且为了重新配置会增加立法成本，立法协调和立法解释等也会增加法律成本。

法律由制定到实施会经过层层的审议过程。我国《立法法》规定，法律要经过人民代表大会的审议通过。而人民代表的选举在我国是庞大而复杂的社会过程，需要耗费相当大的成本。①选举成本应纳入立法成本中。②制度的实施需要由专门的人员来维持。在我国，以全国人大常委会为主的各级人大承担制定、解释、修改、废止法律的重大任务。这些专门机构在运行中也会产生费用成本。③法律在实施后会产生社会效果，影响众多主体。一方面，新的法律出现必然会与原有的法律制度产生冲突，形成新旧交替的法律冲突成本；另一方面，新的法律出现会引起公众的关注和反馈，社会公众对于法律制度的反馈也会产生相应的费用成本。

立法成本与立法数量有一定的关系。边际效益理论认为，行政规章的供给在达到社会需求饱和状态之前，每增加制定和实施一项新的行政规章时，由于法律规范的体系化及相互支持，其边际成本呈递减趋势。[1] 这些影响成本的因素都应考虑在内。

---

① 崔卓兰．行政规章的经济分析［J］．吉林大学社会科学学报，1999－9（5）．

（二）立法程序成本

立法程序是法律由制定到实施需要经过的全过程，是法律评估的重要内容。我国《立法法》规定：全国人大及其常委会在立法中，需要经过提出立法议案——起草法律草案——审议法律草案——表决和通过法律草案到颁布法律等程序。在实践过程中，每一阶段的立法程序都不简单。如果立法程序过于简单，很可能对于法律制度缺少考察研究，而产生漏洞；反之，如果立法程序过于复杂，又会给法律的制定实施带来经济成本，增加法律制定、修改的成本。因此，在评估过程中，立法程序成本需要慎重考虑。具体而言，立法的程序成本应该包括以下几个方面：①法律议案的召集成本。《立法法》规定：法律草案的提出需要满足特定的条件。在法律草案召集过程中，需要进行专门的调查研究和科学论证，这些过程的展开会增加立法成本。②法律草案的起草成本。法律议案提出后，需要经过专家学者的研究才能转为法律草案。法律制度是由诸多基本概念构成的严密的制度体系。法律议案多针对具体问题，但法律草案涉及的不仅有实践问题还有理论问题。并且，法律草案的起草往往是一个整体工程，涉及多方面的问题。起草法律草案的过程既需要专家学者的理论研究，也需要实务工作人员的实践论证。在这些过程中各种费用支出是必要的，如专家论证费、课题调研费等。③法律草案的审核成本。法律草案起草后需要经过人大的审议。由于法律的专业性很强，需要专门的学者进行研究审议。专家学者的研讨费和审核费也是立法成本的表现。④法律草案的公升成本。法律草案无论是在审核之前、审核之后还是在正式颁布之前，都需要向社会公众公示。新的法律出台会使原有的冲突性法律失效，随之而来的大量法律文件需要更新，这些费用也是立法成本的重要体现。

在一般的项目评估中，效率是评估的关键指标。但在立法程序评估中，不仅要关注程序的效率性，还要关注程序的科学性和稳定性。

（三）立法监督成本

不同于司法监督，立法监督是“特定的主体在它的监督权限范围内，根据一定的程序对国家行政机关制定法律、法规以及规章的活动实施的监察以及督促”。[①] 在我国，立法监督是法律执行和实施的重要环节。所有的法律制度，无论是未生效的，还是已经生效的，都需要经过立法监督。立法监督主要从内部监督和外部监督两方面进行。内部监督主要是对法律制度的内部体系、逻辑关系进行监督，监督的重点是法律制度设计的合理性的问题，监督的对象是法律条文和基本概念。外部监督主要是对法律实施以后对社会、经济文化等的效果进行监督。在立法监督中，特别需要关注法律冲突问题：新旧法律之间的冲突、下位法与上位法之间的冲突。立法监督的主要作用是预防。立法者希望通过立法监督，提前或者尽早发现法律实施的弊端，从而减少或者避免由法律实施不利所增加的社会成本。因此，在进行立法监督之前，必须确定应当纳入立法监督的范围，对于不同的法律法规还需要确定不同的监督方式。例如，对于由全国人大常委会制定的法律，鉴于前期的法律制定过程已经十分完善，立法监督的重点便不是事前监督而是事后监督。比较西方国家的立法评估理论和实践，我们可以看出：立法监督对于降低立法成本、

---

① 马怀德. 中国立法体制、程序与监督［M］. 北京：中国法制出版社，1999：276－277.

增加立法效益具有重要作用。大量的实践数据证明，立法监督的成本与法律实施的成本成反比，与法律实施的效益成正比。

（四）法律实施成本

通常，法律的实施成本可分为司法成本、执法成本、监督成本及守法成本。司法成本是指司法专门机构及专业人员为保证法律实施的必要支出和费用；执法成本是指为实现法律的目的而进行特定执法机构的设置并维持其运作所产生的相应支出及执法过程中人力以及物力的耗费；守法成本是指由于遵守法律法规所损失的利益，即“若不遵守法律法规可得到一些不被法律法规允许的利益。”[①] 监督成本是指监督司法机构执行法律的必要支出费用。研究表明，法律的实施成本与立法规模和人员有一定关系。一般而言，如果立法的规模越大，参与立法的人数越少，则法律实施的成本越少。有学者认为：“若采用全体一致同意规则，法律的实施成本就会消失。”[②] 依照此观点，由全国人大及常委会制定的法律，其实施的社会成本相对于地方政府制定的规章制度的社会成本应该较少。但是，在实践中并非如此。立法者数量增多导致的立法成本的增加是不容置疑的，但是法律实施的成本并不会随之减少。相对西方国家成熟立法实践而言，中国的法律实施成本具有复杂性，与立法者数量多少和立法规模的关系并不十分明确。在立法过程中，由于缺少完善的公众参与制度和立法听证制度，社会公众对于立法的参与是无序而混乱的，“精英参与”取代了公众参与，并不能代表公众的利益，反而

① 汪全胜．立法效益研究——以当代中国立法为视角［M］．北京：中国法治出版社，2003：70－71．

② 崔卓兰，于立深．行政规章的经济分析［J］．吉林大学社会科学学报，1999（5）．

成为部分利益群体的传声筒。立法规模越大，参与人数越大，立法效率越低。参与立法程序的主体为既得利益而互相“扯皮”，会更多地耗费时间、精力和金钱，反而增加“交易成本”。[①] 因此，法律实施成本的多少不是与立法人数相关，而是与立法过程中不同主体参与程度相关。不同主体参与度将是评估法律实施成本的关键因素。

二、政策成本的界定及构成

现代国家的发展与公共政策发展密不可分。国家制度文明的完善为公共政策的研究提供了良好的制度基础，公共政策的发展推动着现代国家的进步。作为公共政策研究的核心——成本效益也被越来越多的学者关注，成为公共政策研究的重点领域。通过对成本—效益的分析，能够形成良好的政策制定预期分析，既方便决策者做出科学的决策减少不必要的资源浪费，也利于分析者系统研究公共政策的社会效益。当下的中国社会，公共政策变更发展的速度不断加快，完善政策成本效益分析对于规范制度建构和建设制度文明具有重要的作用。

（一）公共政策成本的界定

公共政策是政府处理公共事务、管理公共社会的产物。公共政策的产生是针对社会问题的直接反映，公共政策的过程也是政府处理社会问题的过程。一般而言，公共政策由产生到废止的过程包括：产生政策问题、确定政策问题、制定政策方案、执行政策规划、评估政策效果。研究公共政策成本必须涵盖政策的全过程。

① 崔卓兰，于立深．行政规章的经济分析［J］．吉林大学社会科学学报，1999（5）．

因此，公共政策的成本应该是指在公共政策由产生到废止的全过程中的必要的资源损耗和物质付出，既包括可量化分析的物质成本和非量化分析的精神成本，又包括直接的经济成本和间接的社会成本等。

在本书中，将公共政策的成本具体分为：公共政策问题的确定成本、公共政策规划的制定成本、公共政策方案的执行成本和公共政策执行的评估成本。

（二）公共政策成本的分类

1. 公共政策问题的确认成本

公共政策的产生是针对具体公共事务。在经济发展的当代社会，公共事务呈爆发性增长趋势。面对纷繁的公共事务及由此而产生的社会公共问题，政府不能也不可能一一对应地制定公共政策。公共资源的有限性要求把公共资源投入到最能产生效益的环节上去，公共政策问题的确认，有利于公共资源的有效使用。因此，在社会公共问题上升到公共政策性问题的过程中必然会经历问题的确定与选择，在此过程中也将会产生确认成本问题。公共政策问题的确认一般包括：①感受公共政策问题。由于客观形势发生了变化，特定的主体，感受到了这种变化，并由于自我价值标准、经济利益、自我意识受到伤害而发生困惑、不满、愤怒等，于是向政府提起有关政府公共政策等的既定诉求。②提出政策诉求。国家政治体系中的非官方的社会行为主体或者公共权力主体，就某一方面的实际问题向政府提出来的，要求政府采取或不采取行动的要求。③进行政策分析。政府面对复杂的政策诉求和复杂的价值标准，按照一定的原则建立以政策问题专家为主体的政策分析者的组织，根据一定的理念，应用一定的方法进行比较研究、预测研究、可能性研究，并以此作为政策选择和决定选择的基础。

2. 公共政策规划的制定成本

公共政策的制定过程是在对公共政策问题分析的基础上，经过充分地论证和研究，最终形成政策方案的过程。公共政策的制定包括：决定政策目标、设计备选政策方案、比较备选政策方案、确认正式政策方案。在政策的制定过程中，政策方案的设计和论证都需要耗费必要的人力物力。

3. 公共政策方案的执行成本

公共政策方案的执行成本是关键因素，直接影响公共政策的进行。对于公共政策的执行成本，学术界的研究较多。依据公共政策执行中耗费的支出，可以将其分为直接成本和间接成本。直接成本是指在公共政策执行中耗费的必要资源支出和费用，而间接成本是指在公共政策执行中由直接成本所引起的关联性损耗和费用。此外，依据公共政策执行中成本的计算可以分为可量化的物质成本和不可量化的资源消耗。当前，学界比较认可的是，根据公共政策执行的过程，将公共政策执行成本分为：决策成本、组织成本、保证成本、监控成本、负面成本及阻滞成本。

（1）决策成本。公共政策的执行离不开专门的决策机关，需要专门决策机关决定是否执行和如何执行公共政策。由于公共政策的适用具有空间性和时间性的特点，而公共政策的决策主体多是地方政府，同样的政策可能在不同的地方有不同的适用条件限制。因此，地方政府需要根据行政区的现状和情况，从实际出发决定公共政策的适用。地方政府的政府工作规划便是公共政策决策的集中体现。在正式纳入政府工作规划之前，决策机关需要组织专门的人员对政策进行调研、总结、分析。在充分研究论证的基础上才能进行决策过程。科学的决策过程是公共政策的重要环节，这些决策过程中所耗费的费用和资源就是决策成本。

（2）组织成本。公共政策的执行需要专门人员和机关组织。政府机关的重要职能之一也是组织和执行公共政策。政府是公共政策组织的主导力量，但市场和公民的力量也不可忽视。尤其是在网络技术高度发达的当代社会，公民力量在很多时候都成为公共政策组织的重要推动力量，由于公共政策的制度是利益群体博弈的结果，公共政策的组织需要合理地协调和平衡不同利益群体的诉求。组织不仅是简单的资源整合，还包含利益平衡，因此，公共政策的组织成本既包括对各种人力、物力和财力的必要付出，也包括在利益诉求协调中的资源耗费和支出。

（3）保证成本。公共政策执行离不开公众的支持。政府如果要成功执行公共政策，必须为公众提供充分的信心支持。政府往往会通过多种渠道引导、推广公共政策。在推广引导中所耗费的支出便是公共政策的保证成本。

（4）监控成本。科学的监控机制是公共政策执行中的重要保障措施。虽然经过了相对充分的论证，但是由于现实情况的复杂性，在公共政策的执行中不免出现风险。政府需要依据市场规律，根据现实情况，建立科学的风险防控机制，对于政府执行中产生的风险要及时准确地反映汇总，并提出相应的解决方案，尽量将负面影响降低。风险防控中费用支出便是公共政策执行的监控成本。

（5）阻滞成本。公共政策的执行是利益群体博弈的直接反映，新的公共政策必然会受到旧的利益群体的激烈反对。旧的公共政策利益代表者为了继续维持群体利益，会设法阻碍新的公共政策的推行，产生政策利益更替中的费用支出和资源消耗。

（6）负面成本。公共政策的执行主体是人，人有主管意志。纵使公共政策方案是统一标准化的指标设计，在实际执行中也会出现各种情况。地方政府出于多方面的考虑，在政府执行过程中并非严格地按照方案规定贯彻落实公共政策。这就会产生公共政策执行中不必要的负面成本。

三、政策法规效益的界定及分类

效益是相对于成本的概念，代表效率和利益。在经济学中，效益是个重要的概念。亚当·斯密在《国富论》中将效益定义为“那部分不侵蚀资本的可予消费的数额”，即物质财富的简单增长。显然，这都是经济学意义上的效益。本书所研究的政策法规效益，不仅包括政策法规的经济效益，还包括政策法规的环境效益和社会效益。

（一）政策法规效益的界定

政策法规的效益是指在公共事务管理中，以政策或者法规的手段充分配置社会资源所形成的最大的经济效益、环境效益和社会效益。政策法规效益的界定具有重要的理论意义和实践价值。通过合理地界定政策法规效益，可以科学地分析政策法规制定的合理性，最大化发挥政策法规的现实作用。

在理论界对于政策法规效益的定义，学者们仍然没有形成共识。学者们对于政策法规效益的分析也多集中在经济效益，对于社会效益和环境效益研究较少。作者认为，政策法规的效益应该包括政策法规的制定、实施、修改以及在评估的过程中所产生的经济效益、环境效益和社会效益的总和。

（二）政策法规效益的分类

从基本概念出发，效益具有丰富的含义，既包括经济效益，也包括社会效益和环境效益等。按获得效益的形态划分，政策法规效益分有形效益与无形效益；从效益来源来看，政策法规效益分直接效益与间接效益；从效益的规模或范围来看，政策法规效益分总效益和边际效益。

此外，依据学者的研究，政策法规的效益类型分政策法规的短期效益和长期效益，政策法规的正效益以及负效益、[①] 共摊效益和独占效益；国家效益、个人效益以及社会效益；经济效益与非经济效益等。[②]

---

① 汪全胜．立法效益研究［M］．北京：中国法制出版社，2003：202.

② 刘少军，等．立法成本效益分析制度研究［M］．北京：中国政法大学出版社，2011：66－68.

第三章
政策法规评估的基本方法与程序

政策法规评估是政策法规运营过程中的一个环节，评估是一种应用性较强的技术手段，评估者可以通过评估政策法规的实施效果来提高立法质量，用来支持理性的立法决策。作为一种新兴的制度，我国立法评估的具体制度是空白，这导致各地方在评估方法、内容及程序等问题上存在巨大的差异，不利于评估的科学性与权威性。针对政策法规评估的实践探索和理论研究，学术界尤其是法学界对其研究价值已经达成了普遍共识。

目前，我国对立法评估及方法论的研究还处在理论探索阶段，而国外的同类制度取得的成效已被各国政府认同，在方法论的构建中也取得了引人瞩目的成绩。在国外已经建立了较为多元化的立法评估体系，其中具有代表性的有德国、美国、韩国、英国和日本等国，这些国家均建立起了一套完整的立法评价（估）系统，且已经运行多年，同时取得了一定的成效。我们要提高立法评估的科学性和规范性，真正挖掘出政策法规评估的价值，就必须建立起适应我国国情的政策法规评估体系和方法。

第一节　政策法规评估的基本方法

一、政策法规评估方法的分类

从构建方法论出发，选择并确定具有科学性、一般性的方法论分类及其标准，是一项重要的基础工作。不同方法具有不同的特点、机能和作用条件，适用范围也可能存在相同之处或重叠。从较大的范围来看，法学方法通常可以被划分为三个部分，即价值分析方法、实证分析方法和社会分析方法，[①] 这三大方法论体系也是支撑政策法规评估的方法论体系的重要支柱，并结合立法评估的运行机制与现实需求对其进行具体划分。

（一）定性分析方法与定量分析方法

定性分析方法与定量分析方法是在评估工作中最基础也是最重要的两种分析方法。定性分析关键在于依靠分析者的经验和直觉，根据分析对象的过去、现在和未来延续状况以及全面及时的信息资料，得出分析对象所具有的特点、性质和发展规律来进行判断的一种分析方法。这种方法经常用于对事物相互作用的研究中，也被称为“非数量分析法”。解决的主要问题是，研究对象“有没有”或“是不是”。任务主要针对的是分析研究对象“质”方面的问题。由于此类方法在运用时所使用的资料通常都是残缺的历史统计数据，需要依靠预测者的主观判断来得到预测结果，因此也被称为“判断分析法”或“集合意见法”。具体采用的是归纳和演绎、分析与综

---

① 沈宗灵．现代西方法理学［M］．北京：北京大学出版社，1992：34，353.

合，以及抽象与概括等方法，根据能够获得的信息资料进行思维加工，发现事物本质、找出事物内在的规律。想要了解熟悉存在的某种法律现象，我们必须了解该法律现象的对象具有的性质特征，从而能够将其与其他的对象进行区分。定性分析是其中最为重要也是最为根本的分析研究过程。定性分析一般有两个层次：第一层次是研究的结果本身属于定性的描述材料，这些材料本身的数量化或数量化水平很低；第二层次则属于经过严格的定量分析得出的定性分析。从科学认识的角度来看，进行的任何研究或分析工作往往首先都是从研究事物的本质差别开始的，其次再研究量的差别，以量为基础，进行最后定性分析，这样才能得出较为可靠、理性、合理的分析结果。

定量分析是依统计数据，建立数学模型，并用数学模型计算出分析对象的各项指标和数值的方法。与前述数量化较低的定性分析相比，该方法看似更有说服力，也常要求较高深的数学知识。然而须指出的是，此两种分析方法对数学知识的要求虽有高低，但并不能因此把定性分析和定量分析强分出主次或截然地划分开来。实际上，现代定性分析方法同样也要采用数学工具做计算，相辅相成，互为依据，二者结合灵活运用才能获得最佳的效果。两种分析方法各有不同的性能和特点，但都有一个共同的地方，就是它们一般都采用比较、对照分析问题、说明问题。正是通过对各种指标的比较或者不同时期的同一指标的对照反映出质量的优劣、数量的多少、消耗的大小、效率的高低以及发展速度的快慢等，才能为任何一次鉴别以及判断提供确凿有据的信息。

定量分析方法和定性分析方法的划分，可从方法论上明确我们对政策法规评估工作成果的具体要求。概括地说，评估前期的信息采集工作完成后，有必要对立法的作用与性质等方面做一系列的预测性的定性分析，[①] 然而评估中后期就需要较为精确的定量分析方法来研究与确认被评估的法律法规的作用、价值和实效；评估进入最后结论的关键阶段后，就需要综合运用这两种分析方法，用定量分析来印证前期的定性分析，并在定量分析的基础上得出较为科学的、新的定性分析结果，从而推动政策法规评估工作进入实质性的建议和修改阶段。

（二）自评估方法与第三方评估方法

从评估主体的地位与性质出发，可将立法评估方法分为自评估体系和第三方评估体系两大类别。自评估方法主要以立法机构自身或其授权下属机构为主体，对法律实施效果等做评估；而第三方评估主要指立法机构以外的其他机构（原则上应得到立法机构的委托或授权）对法律的实施效果做评估所使用的方法。在实践中，多数绩效评估方法既能应用在自我评估模式下，又能应用于第三方评估。

自我评估方法与第三方评估方法关注到评估主体的地位，延伸出这两种不同方法之间的特点与区别。由于自评估的主体与客体常常具有一定的同质性，造成了在客观性与专业性上会产生些许的欠缺。评估工作作为技术性和专业性都较强的工作，不具备专业知识人员进行的评估，极有可能将评估工作仅限于形式上。政策分析科学的研究显示，政策分析人员即使拥有诸多共同之处或者互相重叠

---

① 政策分析科学极为重视分析过程中的预测工作，许多政策科学学者认为，预测是以政策问题的先前信息为基础，对社会的未来状态生成真实信息的过程。其主要形式包括推断、预言和猜测。虽然在预测的局限性问题上亦达成了一定的共识，即预测在其准确性、效果的相对性和背景的复杂性上具有某种天然的局限性，但预测使我们通过了解过去的政策及其结果能进行更有力的控制，从这一意义上来说“未来由过去决定”。参见威廉·N. 邓恩. 谢明，等译. 公共政策分析导论［M］. 北京：中国人民大学出版社，2002：214－219.

关注内容（如公共政策的具体内容），[①] 但由于分析人员代表不同集团和阶层，当其成为决策机构的一员时，为维护机构的声誉必然会存有私心或者偏见。分析人员既是评估主体同时又是评估对象的机构成员，其评估的客观性与实事求是的程度会令人产生怀疑。较为普遍的观点是：评估机构和人员的独立性越强，其得出的政策分析结果越客观。

第三方评估方法区别于自我评估方法，立法评估人员来自不同的学术、实践领域，如法律、经济、社会学、政治学、管理学等不同的学科领域，因此其关注的内容会存在丰富的类别，如环境、健康、经济政策等。不同领域之内会有其较为专业的研究团队，不同的研究团队其关注的重心和方向肯定会有所不同，在这样既丰富又复杂的联系体中，可以较为容易地理解为什么第三方评估采取的理论架构能够呈现如此多元化的特点。

综上所述，自我评估自身所具有的优势，立法机构能够通过在对其立法起源、立法过程和逻辑关系中获取较为直观的认识，并且能够对立法任务、立法目的、立法作用和其实效进行较为准确地比较和分析。第三方评估方法所具有的优势则是其相比较来说更为客观、专业和中立，只有将这两种方法进行有机结合，才能将两种方法的优点充分发挥出来。国外评估工作做得较好的国家，均拥有较为完整的评估组织，包含政府和民间的评估机构。国外的民间评估机构拥有大量的专业评估人员，能进行独立的评估工作，较大程度地保证了评估结果公正、科学与客观。我国政策法规评估与管理正面临新的探索与改革，在这一过程中积极引入了自我评估与第三方

① 谢明．政策分析概论［M］．北京：中国人民大学出版社，2004：69.

评估相互结合的绩效评估方法，已经获得了较为成功的效应①。

（三）“伪评估”方法、正式评估方法与决策理论评估方法

评估方法论的实质是使用某种价值观念来分析被评估政策或法规的运行结果，更确切的定义是评估将为政策或法规的运行结果做价值上的界定和取舍。

政策分析科学的研究者把评估（评价）的方式分成三种，即正式评估、伪评估以及决策理论评估。伪评估（Pseudo-Evaluation）的理念建立在基本的方法论假设上，即价值尺度不证自明的或亦可表述为毋庸置疑的；根据该假设，伪评估则主要采用描述性的方法获得被评估对象在运行结果方面可靠且有效的信息。此评价不去怀疑这些运行结果对团体、个人或整个社会的价值或实效，而仅对事实性的资料做相对客观的评价，或称为“事实评价”，其使用大量方法如问卷调查法、准实验方法、随机抽样以及统计技术等，并通过被评估对象的输入变量及过程变量解释被评估对象运行结果的变异和进化。② 正式评估是采用描述性方法获取有关政策运行的结果以及可靠有效信息的另一种评价方式，其与伪评估的最大区别是，它的评价是建立在被评估对象计划目标已被其制定者与计划管理者所明确

① 2005 年 3 月，温家宝总理在《政府工作报告》中指出，“要抓紧研究建立科学的政策法规评估体系”，并将政策法规评估列为我国“十一五”期间行政体制改革和政府管理创新的重要内容之一：为响应这一号召，全国各地政府都在政策法规评估问题上展开了讨论与探索。其中较有代表性的如 2007 年深圳市四届人大常委会十四次会议在《关于深圳经济特区改革创新促进条例实施情况的专项报告》中提出：“涉及公众利益的重大改革项目，对改革创新成果进行第三方评估。”

② 政策分析科学家们的“伪评价”方法已经构建为一个较为系统的组合，其主要方法四个部分，即社会系统核算、社会实验、社会审计和综合实例研究方法。这些方法也被应用于政策分析过程中的“政策监测”等译．参见威廉·N. 邓恩．谢明，等译．公共政策分析导论［M］．北京：中国人民大学出版社，2002：370.

认定以及正式宣布的基础上的。换句话说，正式评估的目的是对被评估对象是否体现或实现其目标做测度以及评估。从方法论角度来看，正式评估和伪评估所采用的主要方法相同，但正式评估是采用计划文书、法律及被评估对象的制定者以及计划管理者的直接说明材料进行鉴别、界定以及指明正式的目的与目标的，从此意义上来看，既定的法律与法规的目标的正确性以及适宜性是不容置疑的，或在讨论法律以及法规的“合目的性”时，“目的”是被作为既定的一个“定量”进行处理和认识的。正式评估既可以是形成性的，也可以是总结性的。形成性的评价是对被评估对象的运行状况所做的连续的监督；而总结性的评价则需要试图理清被评估对象，即特定的法律或法规在运行一段时间后对既定目标的完成情况。

决策理论评估方法是政策分析学家们在衡量了伪评估与正式评估方法后，对这两种方法的不足提出的另一种评价方式。正式评估方法与伪评估方法常会出现一些问题：第一，因评估结果可能无法充分反映被评估对象在其形成和执行过程中相关利益者的目标或价值追求，造成由评估结果带来的部分绩效信息可能被有意或无意的忽视，很少或根本不被用来当作新一轮立法的参考；第二，依政策分析学的成果，在效率、效果、公平性、充足性、灵敏性以及适宜性这六类评价标准中，某个被评估的对象可能会出现总目标下的具体目标的冲突和混乱①，或称为“绩效目标模糊”现象；第三，立法的目标若只以某一方或某几方的利益参加者的价值追求为基础，

① 在上海市针对《上海市历史文化风貌区和优秀历史建筑保护条例》所展开的立法后评估工作中，对人文环境的保护就是一个总目标，而在这一法规实施过程中出现的拆迁、补偿等问题所体现出的公平、效率等目标就属于具体目标，如果仅在伪评估和正式评估视角下，这些问题可能会被忽略。

那它的合理性基础将被动摇，事实上多数的立法活动（即使未被提到立法后评估层面上来）都具有相互冲突的价值目标的利益相关的参与方间的商谈和博弈。在此基础上，决策理论评估方法试图把利益相关参与人宣称的和潜在的目标与价值追求明确化与表面化，通俗地说，立法者确认与宣称的目标以及价值可能仅是评估对象的某一价值归宿而非全部。此评估方法的特点更具开放性以及综合性，其主要有：辩论分析法、头脑风暴法、德尔菲分析法及用户调查分析法等。

二、政策法规评估的常用方法

政策法规评估方法指评估主体对选取的法律法规和规章在政策法规评估时所用的方式与方法，包含有评估方式的选用、评估工具的选择以及评估角度的切入等。评估的方法多种多样，一些学者认为主要有价值分析法、语义分析法、实证分析法、经济分析法、系统分析法以及要素评估法。确定评估方法之后，还可采取专题调研、问卷调查、个案分析、实地调研以及座谈会研讨等具体的方式。政策法规评估要考虑评估工作的可操作性、针对性、社会参与的广泛性和评估技术的专业性，同时也要兼顾评估工作的系统性和全面性及难点、焦点问题的特殊性。一般评估选用以下三种方法。

1. 比较分析法

对比进行评价，特别是对政策法规制定之初以及政策法规实施后的历史对比是立法后评估工作中经常采用的方法。通过对政策法规实施前后的社会秩序进行比较，对立法预期与法律实施绩效进行比较，对政策法规实施效果的正反两方面进行比较，对同一领域相关政策法规间横向的比较来做评估。

2. 系统评价法

系统评价法，侧重从整体评价政策法规。评价的内容有政策法规是否发挥了整体功能、法律内部制度的协调性和法律之间的协调性、法律中各项制度设计是否发挥作用等。

3. 成本效益分析法

成本效益分析法是从经济学的分析方法引入的，是通过对政策法规制定成本与其预期所取得的经济、社会效益进行对比，来判断政策法规质量的高低。

评估工作一般用以上的三种评估方法，具体到评估方式，通常有以下五种。

1. 问卷调查

这是广泛了解、听取以及采纳群众意见的有效方式。采用问卷调查法时，要注意调查群体的代表性。调查问卷的发放，不仅要面向整个社会，同样也要注意向利益相关群体的重点发放，这样，问卷信息的采集才更有效，更有参考价值。

2. 座谈会

就评估中的重点以及难点问题召集有关的执法部门及专家学者来座谈，这对评估工作的进行有着很大的帮助。座谈会可采用部门座谈、专题座谈及利益相关方座谈等多种形式。

3. 实地调研

实地调研能帮助评估的主体获取政策法规施行效果的第一手资料。这也是使评估结果客观公正的有效保证。国内已有的评估实践都采用了实地调研的评估方式。

4. 个案分析

通过对个案的分析，对需要评估的重点问题做深入的研究，从而为准确评价法律实施中存在的问题，进一步完善法规中的制度设计奠定良好的基础。

5. 定量分析

定量分析的目的是获取较直观的数据资料。通过对立法成本和其预期获得的社会以及经济效益的权衡比较，得出一系列数据。该分析方法较直观，也更能说明问题。然而，经济学的很多问题易进行量化，而法律所涉及的问题大多关系复杂，全盘的量化也不可能。定量分析的结果只能为以后的定性分析提供有效的借鉴。

在我国实践中，不少地方已经对政策法规的后评估方法做出了积极的探讨，并获得了显著的成效。

1. 云南省

采取问卷调查、实地专题调查以及实地调查结合、立法后评估和法规修改调研结合及专题座谈会等评估方法对地方性法规做了评估。

2. 福建省

福建省的立法后评估工作采用定性为主、定量为辅的评估方法，使用实地调研和考察、问卷调查以及走访座谈等多种评估形式。

3. 上海市

上海市的立法后评估工作采用执法部门评估与相关区人大常委会评估结合的方式，运用专题调研、问卷调查、座谈会研讨、个案分析、赴有关兄弟省市就有关地方法规学习、比较以及实地调研、代表视察等多种方法，对评估对象做评估。

从以上三省市的评估方法中可以看出，国内的立法后评估实践大多采用问卷调查、实地调研以及走访座谈等方法。这些方法可基本满足立法后评估工作的需要。不过，立法后评估工作制度化及规范化建设，也需要探索其他的评估方法，便于为评估主体提供更多的评估信息。

三、成本—效益分析法在政策法规评估中的应用

（一）成本—效益分析法在政策法规评估中的应用

成本—效益分析（Cost Benefit Analysis）是采用比较项目的全部成本及效益来评估项目价值的方法，成本—效益分析作为一种经济决策的方法，把成本费用分析法运用到政府部门的计划决策中，以寻求在投资决策上怎样用最小的成本取得最大的收益。常用在评估量化社会效益的公共事业项目中。非公共行业的管理者也可采用此方法对某一大型项目的无形收益（Softbenefits）做分析。在该方法中，某一项目或决策的所有成本与收益都被一一列出，并进行了量化。

在经济学语境中，成本—效益分析法一般被应用到投资领域，经济学家对一项投资做成本效益分析总结为五个步骤：确定购买新产品或一个商业机会中的成本；确定可节省的费用；确定额外收入的效益；评估难以量化的效益和成本；制定预期成本和预期收入的时间表。具体地讲，是把投资中可能发生的成本和效益进行归纳，利用数量分析方法来计算成本与效益的比值，从而判断该投资项目是否可行。成本效益是矛盾的统一体，二者相伴共存，互为条件，又互相矛盾，此增彼减。从事物发展规律来看，任何事情都存在成

本效益。成本大致可划分为两个层次：一是直接的、有形的成本问题；二是间接的、无形的成本。效益也包含两个层次：一是直接有形的效益；二是间接无形的效益。成本—收益分析的三种主要方法：现值指数法、净现值法和内含报酬率。净现值法指在投资项目的寿命期中，把所有的成本与效益按一定的贴现率折算为成本现值与效益现值，若效益现值减掉成本现值后的差额比零大，则该投资项目即可行。现值指数法指在投资项目的寿命期中，计算所有的效益现值和成本现值的比，若该比率大于1，那么投资项目可行。内含报酬率指能使投资方案的净现值为零的贴现率。此方法是通过计算投资项目的未来所有成本与效益的现值之差为零的贴现率，若这一内含贴现率比要求的贴现率为高，那么该投资项目即可行。①

成本—效益分析的方法概念第一次出现在19世纪法国经济学家朱乐斯·帕帕特的著作中，被定义成“社会的改良”。随后，该概念被意大利经济学家帕累托进行了重新界定。到1940年，美国的经济学家约翰·希克斯与尼古拉斯·卡尔多对前人的理论进行了提炼，形成成本—效益分析的理论基础就是卡尔多—希克斯准则。也是在该时期，成本—效益分析开始渗透到政府活动中，如1939年美国的洪水控制法案以及田纳西州泰里克大坝的预算。随着经济的发展，政府的投资项目增多，使人们日益重视投资，重视项目支出的经济以及社会效益。这就需要找到一种能够比较成本和效益关系的分析方法。以此作为契机，成本—效益在实践中得到了迅速的发展，被世界各国广泛采用。很多较发达的国家近年来也纷纷通过法律法规的形式确立成本—效益的分析方法，如德国的《联邦法律案注意要点》、英国的《准备守法

① 保罗·A. 萨缪尔森，威廉·D. 诺德豪斯. 萧琛，等译. 经济学（第十六版）[M]. 北京：华夏出版社，1999：91－103.

成本评估修正守则》、芬兰的《法律规范法》、荷兰的《立法指导原则》以及加拿大的《联邦立法政策》等。

在实践中，德、美等国的立法成本—收益（效益）分析和评估制度已相对成熟，后起的韩、日等国的立法后评估制度中同样引入“绩效评估”等方法，积累了较成功的经验。[①] 经济分析法学家们按自己的理论体系与模式重新构建新的评估理论。对于国外而言，经济分析方法，特别是成本—收益分析和风险评估是政策法规评估最常用的方法。如1988年美国总统里根下令对所有新颁布的法律进行成本和收益分析。2003年美国制定的《规范评估成本和效益及会计报告格式指南》，为行政法规的立法成本和效益评估的可操作性提供了法律依据。再如，英国的《规制影响评估指南》所提出的成本和收益为基本的规章评估方法，并建议尽可能用量化货币进行，但是对分析手法无统一的要求。英国财政部出台的《中央政府鉴定与评价绿皮书》，为中央政府部门做成本—收益分析提供了指导。由此可见，运用经济学原理已经成为一种重要的法律评估方法。

（二）成本—效益分析法在政策法规评估应用中的困境

成本—收益分析已成为我国立法后评估重要的发展趋势，但成本—收益分析的难度是显而易见的。成本至少有经济成本以及社会成本，经济成本又有直接成本与间接成本。评估立法的直接成本可能相对容易统计，但政府支出的间接成本可能在一定的时期内还不能确定，如，可能因某个立法涉及政府责任而被诉讼时增加的开支。立法可能涉及的社会成本就更是一个难以衡量与评估的问题。例如，怎样测算

---

① 理查德·A. 波斯纳. 蒋兆康，译. 林毅夫，校. 法律的经济分析［M］. 北京：中国大百科全书出版社，1997.

政府拆除某人房屋，修建一条穿越而过的道路后除政府需给予经济补偿外因此给社会增加的其他成本怎样测算？允许砍伐一片森林的社会成本，由于砍伐过后会加速水土的流失及可能导致的洪灾。由此可见，成本测算还有难度。效益（同样包含经济效益和社会效益）的评估亦是如此。立法确定的最初政府行为产生的经济效益可能在短期内能显现，但也有可能需要更长的一段时间。同时，立法产生的经济效益对不同的主体是不同的，可能会有此消彼长的关系，这样复杂的关系也会使经济效益的计算更复杂。另外，社会效益和社会成本相类似，往往会涉及一些无形的事物，如人权、生活质量及环境条件，而对这种无形事物的评估常常比评估经济效益更难。所以，我们认为，作为立法后评估的一种重要方法，应当在对成本收益分析做进一步研究的基础上，强化它的配套机制，积极稳妥地进行使用。

四、系统评估法在政策法规评估中的应用

（一）系统分析法在政策法规评估中的应用

系统分析方法源于系统科学，20 世纪 40 年代以后系统科学迅速发展，其横跨各个学科新的科学部门，它从系统的着眼点或角度去考察与研究整个世界，为人类认识与改造世界提供科学的理论与方法。其产生与发展标志着人类的科学思维由主要以“实物为中心”过渡到以“系统为中心”，这是科学思维的一个重要突破。系统分析是咨询研究的最基本方法，我们可将一个复杂的咨询项目看作系统工程，通过系统要素分析、系统目标分析、系统资源分析、系统环境分析和系统管理分析，可准确地诊断问题，深刻地揭示问题的起因，有效地提出解决的方案与满足评估的需求。

系统分析方法（System Analysis Method），是指将解决的问题当作一个系统，对系统的要素做综合的分析，找出解决问题的可行方案的分析方法。一般认为，系统分析是一种研究的方略，它可以在不确定的情况下，确定问题的本质与起因，明确咨询的目标，找出各种可行的方案，并通过一定的标准对这些方案进行比较，帮助决策者在复杂的问题与环境中做出科学的抉择。系统普遍存在于自然界与人类社会中。它是要素构成的整体，若离开要素就没有所谓的系统，所以要素是系统存在的基础；系统的性质一般由要素决定，但系统又具有各要素所没有的新功能；各要素在构成系统时，具有一定的结构和层次，没有结构层次的要素的堆积构不成系统；系统的性质由要素的结构决定，在一个动态结构的系统中，结构的好坏由要素间的协调直接体现出来；系统和环境间也存在密切的联系，每个系统都是在一定的环境中存在和发展，它和环境发生能量、物质以及信息的交换。系统的各要素间，要素和整体间，整体和环境间存在一定的有机联系，从而在系统的内外形成一定的结构和秩序，使系统呈现有机关联性、整体性、环境适应性（开放性）结构层次性及有序性等特征，这些特征即所谓的系统同构性。

系统分析或系统方法，按其本质来说，是一种依客观事物所具有的系统特征，从事物整体出发，着眼于整体与结构及层次，整体与部分，结构和功能、系统和环境等的相互联系以及相互作用，求得优化整体目标的现代科学方法和政策分析方法。拉兹洛指出，系统论为我们提供了一种透视人和自然的眼光，“这是一种依系统概念，依系统的性质与关系，将现有的发现有机地组织起来的模型”。贝塔朗菲把系统方法描述成：提出一定的目标，为寻找实现目标的方法与手段而要求系统专家或专家组在极复杂的相互关系网中按最大效益与最小费用的标准考虑不同的解决方案并选出可能的最优方案。我国的学者汪应洛在其《系统工程学》一书中认为，系统分析是一种程序，它对系统的功能、目的、费用以及效益等问题，运用科学的分析工具与方法，充分地进行调查研究，在收集和分析处理所获得的信息基础上，提出各种备选方案，通过模型进行仿真实验与优化分析，并对各种方案做综合研究，从而为系统决策、系统设计以及系统实施提出可靠的依据。①

（二）系统分析法在政策法规评估应用中的困境

虽然在中央和各级政府积极推动下，我国的政策法规评估建设已取得了重大的进展，但实践中仍存在一些问题需要完善。从系统论的视角进行分析，我国政策法规评估存在以下主要问题。

1. 评估缺乏整体性规划和统一的标准

政策法规评估发展中处在领先水平的一些国家，一条很重要的经验是，中央政府加强统一规划与组织领导，有计划、有步骤地开展政策法规评估。现在我国的政策法规评估建设主要有两种方式：一种是系统内自上而下的纵向推动；另一种是地区内的横向推动。从理论上来说，这两种方式都可大大地加速我国政府绩效考核的进程，然而，因为缺乏整体性的规划与统一的标准，导致两者间缺乏协调，那么最终会出现严重的冲突问题。

（1）缺乏整体性的规划。全国的各级政策法规评估建设常常没有从整体角度做中、长期的规划。与此同时，“条块分割”的管理体制和政策法规评估体系的开放性、统一性以及交互性等自然

① 汪应洛．系统工程学［M］．北京：高等教育出版社，2007：第一章，第三章．

特性产生了严重冲突。各级地方政府与部门在进行政策法规评估时没有建立相应的评估机构，评估的内容也单调重复，造成政策法规评估的整体能力与水平比较低、制约了政策法规评估工作的未来发展。

（2）缺乏统一的标准。政策法规评估是一个大的系统，有多个要素，如评估客体、评估方法、评估主体、评估计划、评估结果、评估沟通以及评估信息等，任何一个因素的缺失与不规范都可能造成绩效评估达不到预期的效果，甚至还导致评估结果的失真。

2. 政策法规评估运行环境欠佳

（1）经济环境较差。在这方面我国存在较严重的问题：一是资金的投入不足。次贷危机所造成的世界性的经济衰退和我国特殊的国情现状：政府将大部分的资金用在解决其他更紧迫的社会问题（如教育、医疗以及就业等）上，对于政策法规评估的建设投入尚不够充分。二是资金的运用缺乏管理。我国的地方政府常常对所投入的资金缺乏足够的控制与约束，在实施政策法规时显得大手大脚，并没有对政策法规评估建设与实施的成本效益问题进行考虑，导致极大的资源浪费。

（2）文化环境滞后。文化环境是政府有效运行的软组织，是行政管理中最现实和最深沉的问题。政策法规评估是文化衍变的进程中政府在行政领域中出现的新事物。受到西方的新公共管理运动影响，政策法规评估的出现为推进该变革提供了有利“契机”。然而，传统文化通过公务人员以及公众的心理以及思想意识影响着行政实践与行政改革，它的消极作用主要是对政府行政职能转变所起的消极影响。在传统文化中，行政权力是至高无上的，可以无限地侵入与管制社会生活中的各方面，而此种全能型政府的存在，限制了将政策法规评估作为创新管理方式的服务型政府的推进，进一步阻碍了我国的民主化步伐。

3. 政策法规评估方法和技术配套不足

我国的政策法规评估的统计方法大多数还依靠的是人工统计方法，对相关的数据应用得不够，信息公开不足社会公众对于信息资源特别是政府的内部业务和技术方面的信息不够了解，不可避免会对政策法规评估有重要的影响，不利于政府的政策法规评估目标的实现。

第二节　政策法规评估的标准

对某项政策的评估到底应该持怎样的标准，这恐怕是学术界争论最多的问题之一。评估标准是对公共政策的实施情况做测量以及评定的参照体系，建立评估标准不仅是公共政策评估中最核心的内容，也是判断政策效果和是否实现预期目标的重要基础。① 政策法规评估的标准对于评估的结论具有决定性影响。政策法规的评估标准是评估主体对于正在实施的法律规范进行质量与影响状况评价所依照的准则或者尺度。政策法规评估标准是立法评估理论的重要组成，其有着价值导向设定、定性定量评价、完善修改政策法规的功能与作用，是保证评估过程和结果客观公正的主要依据。未来政策法规评估的发展趋势应体现体系化、多元化与数据化的特性。② 它涉及多

① 赵莉晓．创新政策评估理论方法研究——基于公共政策评估逻辑框架的视角［J］．科学学研究，2014（2）．

② 王柏荣．论立法评估标准的功能、内容与定位［J］．太原大学学报，2015－12（16）4.

种视角与维度，是应然与实然、形式与实质的统一。设定政策法规评估标准的主要影响因素是评估主体和评估对象。①

一、政策法规评估标准的界定

从现有的研究成果来看，与政策法规评估标准相类似的概念有立法质量检测标准、法律绩效评估标准、立法评价标准、立法质量标准以及立法质量的跟踪评估标准等。政策法规评估标准的概念界定应当明确被评估对象的范围并准确地表明政策法规评估的价值取向以及目的。

（一）政策法规评估与政府绩效评估

政策法规的评估与政府的绩效评估不同。政策法规评估是一个动态概念，包括政策法规从制定到实施的一系列问题。政策法规的评估是评估主体在政策法规实施之后依据社会发展的实际需要，并结合立法的目的，对所评估法规的部分或者全部的条文或者整体的制度设计、实施的绩效、所存在的问题以及影响要素按一定的步骤、原则以及方式去做跟踪调查并且做出综合的评价，最后提出评估意见的过程。政府绩效评估是政府或者社会的其他组织通过采用多种方式对政府的决策和管理行为所产生的经济、文化、政治、环境等短期与长远的影响以及效果进行评价、分析、比较及测量。对政府的绩效做评估，是对行政行为进行规范、提高行政效能的一项重要制度和有效的方法。

① 王称心．政策法规评估标准的概念、维度及影响因素分析［J］．法学杂志，2012（11）．

（二）政策法规评估标准与政策法规质量标准

政策法规的评估标准和政策法规的质量标准并不是完全相同的。政策法规质量与政策法规数量相对应，其主要指政策法规的制定主体依照法定的权限与程序制定、认可或者修改的法律的优劣程度。政策法规质量的标准是衡量或者检测政策法规优劣程度的准则或者尺度。

政策法规评估的目的是检测和评估政策法规的质量状况并为政策法规的完善，提供科学的决策依据，所以，政策法规的评估标准与政策质量标准在目标上具有一致性，但是政策法规的评估标准和立法质量标准在评估的维度上并非完全一致。从目前有关立法质量标准的研究来看，立法质量的标准主要是针对法律本身的内容、本质及形式、现象的评价，特别是关注法律文本的质量状况，而评估标准范围更广。我国近年来法律绩效的评估活动，所坚持的评估标准综合了立法的实施标准以及立法的质量标准等。[①]

二、国内学者对于政策法规评估标准的不同理解

政策法规评估标准指特定的评估主体对现在所实行的有效的法律文本的质量、法律事实状况、立法价值和实际效果等做评估时所依据的准则或者尺度，它的目的是检测立法的实施效果，评价立法的质量，发现立法的问题，并提出完善立法的方案，为立法主体提供科学的立法依据。国内学者关于政策法规评估的标准主要有以下几种观点。

---

① 汪全胜．法律绩效评估机制论［M］．北京：北京大学出版社，2010：169.

（一）内在标准和外在标准

持有该分类标准的学者指出，政策法规是形式与内容的统一，政策法规质量的判定标准也相应地存在外在标准与内在标准之分。内在标准主要是有关于政策法规的内容与本质，它主要有正义性标准、合法性标准以及合目的标准；外在的标准主要是有关于政策法规的形式与现象，其主要有明确性标准、完整性标准以及协调性标准。

（二）一般标准与特殊标准

对政策法规实施效果的评估，由于评估对象以及考察角度的不同，进行评估的标准也可能存在差异，应注意不同类型所设定的标准。一般标准也称为共性标准或基础标准，其指政策法规的实施效果最基本的价值追求，任何一部规范性文件所存在的意义以及价值都必须满足该基本标准。此标准可适用于对任何法律及规范性文件进行效果评估，可对政策法规所实施的效果进行一般性的了解。特殊标准，也称个性标准、具体标准，是对某一部门的政策法规实施绩效进行衡量的尺度，该标准或是由该政策法规具体的任务以及目标所决定，或是一般性标准的进一步的具体化。

（三）价值标准、法理标准、规范标准和实效标准

评估政策法规的质量高低，既应考虑其立法程序、立法内容以及立法技术等方面所展现出来的质量问题，还应考虑它的目的以及价值等更深层次的质量问题；既要考量该法规及规章的内在品质，也当考量其实施后产生的社会效果、社会效益与经济效益。政策法规评估的价值标准主要考察立法价值的合理性，即所追求和体现的

价值合理与否。法理标准是使用法的一般原理对某一政策法规质量的高低进行评价，其主要考察评估对象和上位法是否会抵触、与配套法及有关的文件是否衔接。规范标准主要从立法技术来评价法的结构以及逻辑关系是否得当、合理、规范；评价语言的表达是否准确、简练易懂；名称的使用是否规范等。实效性的标准则是从事实的角度对法律制定实施后的效果和效率以及公众的认知度情况进行考察。

（四）形式标准与实质标准

形式标准是对政策法规的文本形式的好坏进行评价的标准，其主要考察体例是否规范，逻辑关系是否严谨，体系是否协调统一，语言的表达是否易懂、专业以及准确等。实质标准是对政策法规内容的好坏进行评价的标准，其主要考察法律规范是否可以反映客观规律，是否具有合理性、科学性、可操作性和解决实际问题的能力。

（五）形式合理性标准、价值合理性标准

法律和一般的事物是不同的，它有能否实施以及实现的问题。所以，法律的现实合理性同样是对法律的优劣进行衡量的重要尺度。[①] 政策法规的合理性会分成形式合理性和价值（实质）合理性两个方面。

三、政策法规评估标准模型

政策评估自产生以来就受到学术界和政治界的广泛关注，但是对政策评估模型的研究还没有形成统一的体系。

---

① 王称心．政策法规评估标准的概念、维度及影响因素分析［J］．法学杂志，2012(11)．

国内学者刘进才[①]（2001）认为，政策评估应该采用数学模型的分析方法，通过建立科学合理的效果函数、政策相关度分析模式、评估指标体系和评估模型等来对政策进行定量分析。通过数学模型对政策进行评估可以解决政策评估过程中模糊化、定性化和概念化地阐述所存在的问题，提高政策评估结果的质量和科学性。余向荣[②]（2006）认为，采用数学模型对公共政策进行评估可以提供更加可信的评估结果，将实验方法和计量方法进行结合的数学模型评估方法能更好地反映真实情况，揭示政策执行的实际效果。

斯塔弗尔比姆（Daniel Stufflebeam）在其著作《模型评估》中，将美国在 1960～1999 年近 40 年间的政策评估研究所运用的评估模型归纳成 22 种评估模型。这 22 种评估模型分为伪评估、问题/方法取向评估、改善/绩效问责取向评估和社会议题导向评估四大类。他认为每一种评估模型都有其自身的优点与缺点，不存在万能、通用的评估模型，并认为其中 9 种评估模型在 21 世纪更具有发展前景，这 9 种评估模型如表 3－1 所示。

表 3－1　21 世纪更具有发展前景的 9 种评估模型

模型一	模型二	模型三	模型四	模型五	模型六	模型七	模型八	模型九
决策/绩效问责取向评估模型	使用取向评估模型	委托人中心/响应式评估模型	消费者导向评估模型	个案研究评估模型	民主审议评估模型	建构主义者评估模型	认可模型	成果监控/附加值模型

斯塔弗尔认为这些在未来有发展前景的评估模型，应该能适应未来的社会环境，即全民共同参与治理的社会环境，这些评估模型

① 刘进才．公共政策评估的模糊数学方法［J］．中共中央党校学报，2001（1）：103－106.

② 余向荣．公共政策评估的社会实验方法：理论综述［J］．经济评论，2006（2）：73－79.

能够考虑到多方面的利益主体的参与和投入，并运用更加多元的评估方法来合理地分配社会利益和处理社会问题，能够更有效地实现公平和公正。

西方的政策科学领域内有很多的政策评估方法，“组织者”的概念是政策评估科学家所关注的基本问题。政策不同的“组织者”，要使用不同的政策评估模型。古巴和林肯在1981年发表的教育评估的论文中提出了“组织者“的概念，瑞典学者韦唐（Vedung）在他们研究的基础上，在其专著*Public Policy and Program Evaluation*中，从政府干预的实质结果出发，按照“组织者”的不同，从政治科学和社会科学等更广泛的角度出发，将评估模型分为三大类，即效果模型、经济模型和专业模型，这三类模型可以细分为10种具体的评估模型（见表3－2），本书仅就其中重要的6种进行介绍。

表3－2　韦唐的公共政策评估模式

评估模型	效果模型	目标	目标获取模型
			侧面影响模型
		结果	自由目标评估模型
		系统组成部分	综合评估模型
		用户的关注点等	用户导向模型
		相关利益人的关注点	相关利益人模型（北美）
			政策委员会（瑞典）
	经济模型	生产率模型	生产率模型
		效率模型	成本—效果模型
			成本—收益模型
	专业模型	同行评议模型	

资料来源：瑞典学者韦唐的《公共政策和项目评估》。

（一）目标获取模型

目标获取模型是把政策目标当作评估时的唯一标准。该模型是一种最简单且最直观的政策评估模型。它把复杂的评估问题解决的过于简单，缺点是很明显的：一是政策目标可能是模糊的，导致评估无意义；或者政策目标太多，相互冲突，对目标实现情况的评估不利；二是未对政策实施后的非预期结果进行考虑，可能会出现“政策扭曲”“上有政策，下有对策”；三是未考虑政策所实施的过程，把政策的落实看作一只“黑箱”，也未考虑政策的实施成本。

（二）侧面影响模型

目标获取模型只是把政策实施后在目标领域内获得的结果当作评估的对象，不考虑它在这个社会范围内所带来的其他影响。政策评估者若要客观且全面地评估一项政策，就一定要把原来所预想不到的结果都纳入考察的范围。“非预期的侧面影响”可能是评估者最关注的。因为它们是预料之外的结果，所以不可能有事先规定的衡量标准，能够评价的就进行评价（如目标领域内获得的结果）；不能评价的那些“侧面影响”要进行列举，留给决策者（或其他的用户）进行自行评价。总体评估结论由他们自己来做。

（三）自由目标评估模型

政策评估者的任务是对一项政策的综合效应进行评价，这要求他对各种现象的判断不能有任何主观倾向性，而侧面影响模型则是把政策效应划分成若干个层次，有意地突出了目标领域内的政策效应，这显然是有偏见的。为消除该缺陷，有人提出“自由目标评估模型”，让评估者在没有任何目标约束的条件下进行评估，对政策实施带来的方方面面的影响进行全面考察，无论它们是预期的，还是非预期的。

（四）综合评估模型

把政策的前期准备（投入）、落实（转化）以及取得（产出）这三个阶段都纳入评估的范围的模型即此处所说的“综合评估模型”，如表3-3所示。在评估的过程中，对上述的三个阶段都需进行“描述”（Description）与“判断”（Judgements）。需要“描述”的内容有两项：各阶段的目标以及现实情况；而判断首先要对评估的标准进行明确；其次将目标和现实情况与其进行比较；最后进一步得出评估结论。

表3-3 综合评估方法的三阶段流程①

评估的实施阶段		前期（投入阶段）	中期（转化阶段）	后期（产出阶段）
该阶段的特征		政策或计划被采纳并开始实施	政策或计划被落实	政策或计划落实以后关于其执行结果的大部分数据已经收集
描述	目标	指定了什么样的目标，希望产生什么样的结果	所制定政策或计划的内容	政策、计划所应产生的预期结果
	现实情况	与这一阶段的活动或事件相关的数据资料：现存条件的描述	政策或计划的实际落实情况	关于政策、计划执后实际产生结果的数据资料
判断	标准	用作比较基础的价值判断	用作比较基础的价值标准	用作比较基础的价值标准
	判断	将目的、现象与标准进行比较	将目的、现象与标准进行比较	将目的、现象与标准进行比较

和其他的模型相比较，综合评估模型有两个突出的优点：①政策的制定与落实的过程都是评估的范畴，所以评估的结论可以较好地反映决策的民主化程度，政策执行程序的公平性、公开性以及公

① Vedung E. Public policy and program evaluntion [M]. New Brunswick (U. S. A) and London (U. K): TransactionPublishers, 1997.

正性；②对政策实施后所出现或不出现的某个结果的原因可以给予较好的解释。若政策实施的效果难以物化或者难以进行描述，则只能依赖对政策过程的评估了。

（五）用户导向模型

目前，在西方国家，用户导向的评估方法获得了广泛地应用，特别是涉及向公众提供公共服务的政策领域，如绿化、公共交通及环保等。这里所提及的“用户导向”，指的是“政策用户”导向，而非“报告用户”的导向。只有依照政策用户的需求来做评估，才可能把公众意见反映到评估的结论中，从而影响下一步的决策。此外，用户的定位点应是实际用户而不应是非目标用户。评估者需通过深入分析以及细致调查对其进行区分。开展用户导向的评估，首先要明确用户的定位（除非评估对象是针对全体公民的政策）；其次是要确定评估的样本（一般情况下，政策用户的数量都很庞大，所以只能进行抽样的调查）；再次就是调查用户的意见；最后是对调查结果进行统计和分析，做出评估结论。

（六）相关利益人模型

“相关利益人”——“Stakeholder”词语的本义是在一个企业或者一项商业活动中拥有股份、投资份额或其他相关利益的个人或者组织。而政策评估活动中的“相关利益人”怎样定义？这恐怕是一个难题。“相关利益人模型”是基于“用户导向模型”发展而来的，所以其运作程序和后者非常类似。但是，实际操作起来，此种评估方法难度很大。评估者一定要对相关利益人的需求以及关注点十分敏感，把握得非常准确，否则调研工作会很难进行。评估者和被调查者对问题的认识不可能完全一致，相差甚远也是不足为奇的。所以，评估者在进行调研的过程中，需要不断地调整原定计划（如重新设计调查问卷以及修改样本等），使评估报告可以充分反映出相关利益人的真实想法。如表3－4，3－5。

表3－4　政策制定、执行过程中的相关利益人

相关利益人	解释	相关利益人	解释
Citizenry	公民：在国家政治系统中有权选举各级决策者的公民	Street-level Bureaucrats	社区基层干部：负责政策传达的一线负责人（他们通过当面宣讲、电话、邮寄等方式直接将政策传达给群众）
Decision-makers	决策者：负责决定各种政策是否要制定、继续实施、中止、暂缓执行或取消的政府官员	Street-level Bureaucrats	社区基层干部：负责政策传达的一线负责人（他们通过当面宣讲、电话、邮寄等方式直接将政策传达给群众）
Political Opposition	不同政见者：对某项政策持不同意见的人	Clients	用户：政策的调节对象（如业主、厂商、市政部门等个人或组织）
National Agency Managers	国家一级的主管官员：负责政策实施的国家高级官员	Neighboring Agencies	交叉部门：政策实施所牵涉的其他政府机构
Program Directors	具体主管官员：具体负责政策实施的国家中层官员	Program Competitors	竞争者：与政策执行部门竞争有限资源的机构或组织
Regional Agency Managers	地区主管官员：某一地区负责政策实施的主管官员	Contextual Stakeholders	大环境中的相关利益人：实施一项政策的大环境所牵涉的组织、团体、个人及其他单位
Private Intermediaries	独立中介机构：对于政策实施，在某方面负有责任的非政府组织	Research Community	学者：从事政策相关内容研究的学者

表3－5　政策评估过程中的相关利益人

相关利益人	解释
Evaluators	评估人：负责政策评估项目的设计、执行，做出评估结论的人员
Evaluation Sponsors	评估发起人：对评估活动进行立项组织并给予资金支持的机构
Evaluation Community	其他从事政策评估活动的人员和机构，评估方法论的研究者等（他们通常会阅读评估报告，对评估技术、评估结论的质量进行评价）

四、政策法规评估标准的内容

（一）政策评估标准的内容

评估的前提条件是建立标准，没有标准也就无所谓评估。标准，从语言学的意义来讲，指合乎于某种原则，可以提供给同类事物进行比较、核对的准则以及尺度。[①] 在技术领域方面，国际化的标准定义是："由一个公认的机构对文件进行制定与批准，其对于活动或者活动的结果规定了导则、规则或者特性值，来共同以及反复的使用，以实现在预定的领域内最佳秩序的效益。"我国在该基础上对定义进行了修改将其表述为："为在一定范围内达到最佳的秩序，在协商一致后进行制定，然后由公认机构进行批准，共同的使用以及反复使用的一种准则以及依据。它将技术、科学以及经验的综合成果当作基础，将促进最佳的共同效益当作目的。"由此可以看出，在普通意义上所指的标准，是一套衡量及评价的准则体系。

公共管理意义上所指的评估标准是评估过程中怎样适用评价指标问题、怎样确立评价准则的探讨，此界定的目的是最大限度地对评估结果的公正性、客观性以及科学性加以保证。所以，政策法规

① 汪全胜．法律绩效评估机制论［M］．北京：北京大学出版社，2010：128.

评估的标准是为客观而又准确地评价政策法规文本以及政策法规所实施的效果等评估对象而制定出的一系列解释、描述、衡量以及评价的规则或准则的总称。在评估具体的公共政策时，标准可能会不尽相同。但是从一般意义上而言，政策评估标准的内容主要是涉及下列几项。

1. 政策效益（Effectiveness）

一般地说，政策效益所针对的是政策目标与结果，其主要指某一项政策是否能实现预期的目标与结果。效益和技术理性密切相关，它所需要考虑的问题是政策结果所存在的价值，此种结果常常会用货币价值来进行说明。具体的指标则是所提供公共产品以及公共服务的数量。效益涉及的关键问题并不是政策是否按原计划执行，执行是否进行得顺利，而是政策是否产生了预期的效果或影响。

2. 政策效率（Efficiency）

政策效率和经济理性意思相同，通常是指用尽可能少的投入去取得尽可能多的产出，其主要涉及的是特定水平的效益与实际付出的努力之间的关系。它需要考虑的问题是为得到有价值的结果付出了多大的代价，具体的指标则是净收益、单位成本以及成本收益比。效率指标通常也需要用货币价值来进行计量。计量的方法有：计算单位产品以及服务的成本；计算单位成本能够提供的产品以及服务的数量。单从效率角度而言，用最低的成本来实现最大收益的政策被认为是最有效率的政策。显然，效率与效益有着明显的不同。效率所关注的则是方式与手段问题；而效益所关注的则是目标及效果。一项成功的政策不但需要有好的效益，也需要有较高的效率，两者是相辅相成的。但是从总体上来看，效益是优于效率的，目标是先于手段的。

3. 充分性（Adequacy）

充分性指特定效益水平能满足政策目标的程度。依照威廉·邓恩的观点，充分性具体指向四类问题：第一类问题涉及固定成本与变动效益，充分性评估则是看在有限资源的条件下是否能使政策效益实现最大化；第二类问题涉及固定效益以及变动成本，充分性评估则是看在期望结果不变的情况下能否实现成本的最小化；第三类问题是涉及变动成本与变动效益，充分性评估则是看效益以及成本之比是否能最大化；第四类问题涉及固定成本以及固定效益，此类的问题则相对复杂，充分性评估是要在双重限制条件下进行。[①] 上述四类问题中包含了对充分性评估的不同界定，所以不难看出成本以及效益之间关系的复杂性。

4. 公平性（Equity）

公平性的评估多数涉及的是收入分配、教育机会以及公共服务等方面的政策。它和法律理性以及社会理性密切相关。某一项政策或许完全符合效率、效益以及充分性的评估标准，但若它造成了不公平的成本或者收益分配，可能也会被认定是一项失败的政策。如那些最需要被提供服务的人没有得到和他们人数相应且成比例的服务（如申购廉价房的规定）；再如政策的最多受惠者或者得益者并未按此比例支付其应该支付的成本（如房产税的规定）。在政策评估的过程中，公平性标准的重要性是不容置疑的，对政策的成败起到关键作用。当一个行动会影响到社会中的两个或两个以上的人时，“公平分配”则成为决策者必须要面对的问题。从个人与群体的角度来

① 威廉·N. 邓恩. 谢明等译. 公共政策分析导论（第四版）[M]. 北京：中国人民大学出版社，2011：153.

看，满足某个人及某些人（或某个群体）的价值不一定就是满足另一个人或另一些人（另一个群体）的价值，换句话而言，个人与群体有不同的价值观。因此，从社会角度来说，公共政策的目标不是使个别人或者个别群体利益的最大化，而是要使社会福利（或称社会成员总体满意度）最大化。那么怎样才能做到这一点，对此又该怎样进行评价，答案可能会需要通过以下方法来寻找。

（1）个人福利最大化（Maximize individualwelfare）。当分析个体的选择时，经济学家假设每一个个体都是理性的，且他们都可以把可能选择的方案排列出偏好的次序。尤其是理性的选择需要个体对于可供选择的方案偏好具有传递性以及一致性。若政策目标是使每个人的福利都可以实现最大化，则意味着依据个人价值判断的偏好排序，一定要有一致性以及传递性。但是美国经济学家阿罗（Kenneth J. Arrow）在他的著作《社会选择与个人价值》中，证明了社会选择或社会决策并不一定要严守理性的逻辑，特别是他证明了群体做出的决策并不一定遵循传递性原理。阿罗指出，若众多的社会成员有不同的偏好，而社会又有许多种备选方案可供选择，那么在民主的制度下不可能得到令所有人都会满意的结果。此即著名的“阿罗不可能性定理”。事实上，阿罗的研究冲动主要是源自法国数学家孔多塞所提出的“投票悖论”。孔多塞提出，若甲、乙、丙三个人，面对 A、B、C 这三个备选的方案，若依赖多数表决的方法，则可能会出现“循环投票之谜”，会得不到合理的社会偏好次序。然而，在 1998 年，诺贝尔经济学奖的获得者阿玛蒂亚·森于 20 世纪 70 年代提出了对“投票悖论”的解决方法。他绕过“阿罗不可能性定理”，提出了如果改变甲、乙、丙三人中的一个人的偏好次序就能够解决投票悖论的问题。虽然阿玛蒂亚·森所持的观点存在明显的缺陷，为了追求一致性，改变、放弃、忽略、牺牲了个人的偏好次序，但是他毕竟为个人福利最大化的公平方法从理论上做了辩护。

（2）保障最低福利（Protect minimum welfare）。在增加某些人福利的同时，应当设法来保障其他人的境况不会因此而变糟。此种方法的依据是帕累托标准（Pareto criterion）。而帕累托标准则是指在一种制度的改变中不存在输家，但是至少会有一部分人可以赢。帕累托标准的基点是人们的既得利益，就是从既得利益出发对增加收益的问题进行考虑。若是一项政策剥夺了一部分人的既得利益，无论是否可以带来更大的整体利益或者是否有利于实现崇高的目标，都会不符合帕累托标准。我国的经济改革明显表现出由增量改革到存量改革进行转变的发展特征，政策的着力点（改革领域）转移到了存量部分，常态本身就在于“非帕累托改进”，存量改革的性质决定了在利益格局的重新划分中，改革并不能保证部分利益集团的利益增加，其他的利益集团的利益不会相对地减少或者绝对的减少。所以，在进行深化改革的过程中，我们一定要面对一些利益关系的直接挑战。

（3）净福利最大化（Maximize net welfare）。试图用最终的收益来补偿受损者，进而使社会的净福利（总收益减去总成本）得到增加。此种方法的理论依据则是卡尔多—希克斯标准（Kaldor-Hicks criterion），就是如果在结果上有净收益，而且获益者可以补偿受损者，因而此种社会状态就能优于另一种状态。此种财富转移的形式有助于实现净福利的最大化。与帕累托标准相比较，卡尔多—希克斯的标准范围则更为宽泛，只要可以使社会的收益增大，改革就能向前推进。焦点问题从是否有人利益受损转化成怎样确定补偿的方案。这种看似简单的变化，对指导政策实践具有革命性的影响。

（4）再分配福利最大化（Maximizere-distributivewelfare）。试图使社会中的贫困者群体、残疾人群体以及受到种族歧视群体等特定群体实现再分配收益的最大化。此种方法的理论依据则是罗尔斯的著作《正义论》中提出的再分配标准（差别原则），就是如果一个社会能使处于最不利地位的人得到最大可能的利益，则此种社会状态就会优先于另一种状态。罗尔斯的观点为公正概念做出了道德诠释。他指出，社会与经济的不平等能够存在，但是利益的分配应当倾向于社会的弱势群体。

事实上，在上述的公平标准中，尽管对政策评估有着重要的启发性意义，但是并不能够完全使人满意。理由在于，社会理性并不完全受制于经济学规律以及伦理标准，公平本质上是政治问题，它不可避免地会受权力分配与合法化过程的影响。虽然经济学与伦理学的发现可以帮助我们将评价公平标准的能力提高，但是它们都不能取代政治过程，也取代不了利益上的冲突与价值上的分歧。

5. 回应性（Responsiveness）

回应性标准指政策满足特定群体的需要和偏好或者价值的程度。它所考虑的问题是：效率、效益、充分性以及公平性等标准能否真正反映特定群体的需要，具体的指标是和公民调查（citizen survey）① 的一致性程度。某一项政策也许可以符合其他所有的标准，但是由于不能准确地把握和有效的回应本应该从政策中受益的特定群体的实际需求，所以，仍然可以被认成是一项不成功的政策。回应性标准的重要性突出了需求的因素，强调了民意测验的反馈作用。

---

① 公民调查是民意测验（Opinion poll）的一种，它是测量特定人群在某一问题上所持意见分布情况的一种工具。通过公民调查可以有效地分析和揭示人群中持某种意见的强度及其产生的原因，从而测出人群在此问题上的态度和行为倾向，比较准确地分析和估计特定群体的价值导向。

6. 适当性（Appropriateness）

适当性标准和实质理性是密切相关的，它并不涉及单一分析，而是一种组合分析。具体而言，它与上述的多项标准的组合分析有关，表现出系统的特征以及综合的视角。就单个来说，其他的标准都被“目标”视为是理所当然或者是恰如其分的，只有适当性标准会受到质疑，出现合成谬误①。适当性标准是开放的，并不存在而且也不可能存在适当性标准的准确定义。但是它优先于其他的标准，呈现出元标准（meta-criteria）的特征。从逻辑上来讲，评估一定要通盘考虑所有的标准，然后再运用更高层次的标准（元标准）来分析多种理性形式之间的关系。例如，从公平与效率的评估来说，一旦向贫困人口重新分配收入的计划遭到抵制，导致只有少部分再分配的收益能够实际到达贫困人口手中，罗尔斯的福利再分配的公平观（“最少受惠者最多得益”）就会在适当性上受到质疑。且一旦出现了阿瑟·奥肯所说到的漏桶效应②，公平和效率的矛盾就更加突出。例如，从公平和权利的角度来说，一些人通过歧视、欺诈、贿赂、谋取不当利益时，即使没有任何人因此而利益受损，我们是否也会对帕累托标准的适当性进行质疑呢？

总体而言，政策评估的以上标准主要是从结果的有效性出发，

---

① 合成谬误是由美国著名经济学家保罗·萨缪尔森（Paul A. Samuelson）提出，意思是说某种东西仅仅由于它对局部而言是对的，便说它对总体而言也必然是对的，这是一种谬误。在经济学领域中更是如此，从微观上来看是对的东西，从宏观上看来并不一定对。

② 美国经济学家阿瑟·奥肯（Arthur Okun）根据税收的转移支付问题提出了著名的“漏桶效应”，即富人交纳了一美元的税款，实际上转移支付到穷人手中的钱数要远少于这些。“漏桶效应”的最终结论是：高税率会使税收总额有所减少，因为追求公平而损害了效率，也就是著名的“拉弗曲线”。这是由供给学派代表人物、美国南加利福尼亚商学院教授阿瑟·拉弗（Arthur B. Laffer）提出的。一般情况下，税率越高，政府的税收就越多，当税率的提高超过一定限度时，企业的经营成本就会提高。投资减少，收入减少，即税基减小，将导致政府的税收减少，描绘这种税收与税率关系的曲线叫作“拉弗曲线”。

评估政策的效率、效益、公平性、充分性、回应性以及适当性。这些标准涉及多重的理性，不仅包含有事实的判断，同样也包含有价值的判断，换句话来说，不仅要讨论“是什么”（what is）的问题；而且要讨论“应该是什么”（what ought tobe）的问题。既需要进行定量分析，也需要进行定性分析。事实上，评估标准的建立仅是一项基础性的工作，而真正的评估还会面临更多的挑战。

（二）立法评估标准的内容

我国各地方在进行立法评估工作中，所使用的评估标准也存在不同，如甘肃省人大常委会在《甘肃省人大常委会地方性法规质量标准及其保障措施》中所规定的把技术标准、法理标准、实践标准以及实效标准当作该地方的立法评估标准内容；广州市人大常委会在《广州市人大常委会立法后评估办法》中明确了可操作性、合法性、合理性、协调性、实效性以及规范性为地方性法规的具体的立法评估标准；《安徽省政府立法后评估办法》中也规定协调性、合法性、合理性、实效性、可操作性以及规范性为政府规章的立法后评估标准。除这些省以外，重庆市、上海市、北京市以及山东省等各地方的人大与政府都纷纷出台了立法评估的标准，而且各具特色，五花八门。

不同的评估标准的制定在一定程度上也反映着地方的特色与区域差异，具有合理性。但从长远来看，因为我国法律体系的统一性与协调性，立法评估的标准应当是逐步趋同的，以体现普适性的标准为主。而确立统一的立法评估标准，应当通过严谨且符合逻辑的确立途径以及方式得出。因为价值与实证视角的分析，可以分别衍生出立法评估的标准，包含规范标准、技术标准以及成效标准三大类。

1. 规范标准

规范标准是根据法的一般原理与法的价值要求对立法及其实施效果进行评价，这属于应然意义上的评价范围。此类的标准是由价值评估路径推导得出，结合地方立法评估的实践经验，可以选取合理性、合法性以及目的性当作其具体内容。①合法性。在立法评估的过程中，首先需要考量法律文本以及实施效果在形式上合乎已有实在法的规定，在实质上符合所处社会的价值评判标准以及观念，也就是形式合法和实质合法相结合。其具体表现为立法位阶合法、立法程序合法、立法权限合法、符合特定的统治秩序以及社会的普世价值等。②合理性。合理性作为评价标准，要求合乎“理性”或合乎“事物的本质与规律”。在立法评估中，具体表现为立法选择合理、立法内容合理、立法过程合理以及立法机构及人员配备合理等。[①] ③合目的性。合目的性主要是考量到法律文本本身所符合立法目的以及主旨的要求，以及立法实施效果达到或者满足立法目的的状况。在立法评估中具体体现为立法目的是否明确以及具体，立法的目的是否能够达到实效，立法目的的表述格式和用语是否规范等。

2. 技术标准

技术是手段，使用科学的立法技术，对于提高立法的质量甚为关键。技术标准主要是从立法过程中的操作规范以及技巧层面来对其提出要求。在立法评估的过程中，具体表现为语言规范性、合逻辑性以及结构规范性三个方面。①合逻辑性。逻辑是与推理、论证以及规律的思维科学相关的，在立法中，要求符合立法逻辑学，就

① 冯玉军，王柏荣. 科学立法的科学性标准［J］. 中国人民大学学报，2014（1）.

是立法同一、立法排中、立法无矛盾以及立法理由充足等。②语言规范性。在立法中，语言是表达立法者思想的主要媒介，特别是在成文法的国家。在立法评估中，对立法语言规范的具体要求是语言表达简洁清晰、语言表达通俗易懂、语言表述准确和语言格式的严谨规范等。③结构规范性。法律规范文本结构的安排，对于立法技术的表达很重要。结构规范要求法律法规以及规章等文本的各个组成部分和法律条文之间，由形式到内容依照其内在的规律组合进行排列，形成科学、统一且合理的有机结构主体。在立法评估中，结构规范性的标准表现具体表现在法律文本标题、题注规范、中文规范、目录规范、附录规范等。

3. 成效标准

运用经济学方法对立法和实施的效果进行评价，是当前比较流行的一种评估方式与标准，它具有精确且直观的特点。立法和实施的过程涉及立法的成本、效益以及风险等诸多的经济因素，这也成了立法评估的主要评估标准。所以，成效标准包含立法效益、立法成本以及立法成本效益三个方面。①立法成本。主要包含立法过程中的费用支出的考量，具体的表现是立法机构和立法程序成本、人员成本、立法监督成本和守法成本、执法成本以及违法成本等。②立法效益。主要法律法规以及规章等在其实施过程中所产生的收益，具体的表现是立法的政治效益、经济效益以及社会效益。③立法成本效益。主要是立法成本和立法效益的对比。在立法评估中，立法的收益大于立法成本，才会被认为是有效率以及有意义的立法。它具体表现为对立法及立法方案是否可行的分析。

4. 校正标准

校正标准指立法评估标准中除了运用列举方式所列的标准以外

的、能够进一步完善立法评估标准的、基于对立法评估标准的全面性考虑的其他可能的标准。它的功能是补充与校正立法评估标准，防止已有的立法评估标准出现“不周延”的情形。若是前文所提出的立法评估成效标准、规范标准和技术标准都属于“硬性”标准和非变量标准的话，则立法评估的校正标准则属于“软性”标准和变量标准。校正标准的设定比较灵活，它可能会随着立法理论和实践中的整体发展而随之发生改变，不同时期，可能会产生不同的校正标准。就目前立法的实际情况而言，结合当前立法理论界的热点问题进行探讨，校正的标准包含以下几个方面。①公众参与性。公众的立法参与是公民个人或者团体通过各种方式参与或者介入到立法的过程中，来对其施加影响，从而最终影响立法的结果和实施效果的行为以及活动。[①] 主要包含公众参与的广度、公众参与的形式、公众参与的深度和公众参与的程序设计以及制度保障。②地方特色性。地方特色性是针对地方立法而言，具体是指地方人大、地方政府等有地方立法权的部门在立法过程中，应依据本地方的政治、经济以及社会的发展特点，在对上位法不违背的原则下，做有针对性并且体现地方特色且有创新性的立法活动。虽然我国是单一制结构国家，在总体上履行着法制统一的原则。但是又因为我国是一个人口众多、幅员辽阔且地区间发展不平衡的国家，根据这一国情，立法时应当对地方立法的权限以及特色进行适当的突出，由于国家所实施的统一立法仅从宏观的层面进行规范，解决全国范围内的最主要问题，不能针对每个地区的情况进行单独的立法。它主要是用来对普遍适用的基础标准进行评估后的立法做地方独特性的考察，进而对立法的全貌进行客观地反映。

---

① 李杰．民众参与立法的制度模式研究［J］．中共中央党校，2008.

五、政策法规评估标准的功能

政策法规评估标准的功能主要有以下内容。

（一）价值导向的设定

根据马克思主义法学的观点，政策法规是在一定的经济基础上占据着统治地位的阶级制定并反映出他们的利益、并把权利和义务作为内容的规范体系。因此可以看出，虽然政策法规可以普遍地在一国以内适用，但是仍然蕴含着价值判断的意义。其对权利进行规定来限制权力，对利益进行保障，对自由进行肯定；通过设定义务责任来对行为进行规制，对秩序进行维护，对违法以及违约的行为进行否定。法的此种价值判断并非后天所形成，而是立法之初就由立法者来确定，如我国《宪法》所规定的平等原则、民主集中制原则以及私有财产不可侵犯原则等，再如在我国的《民法通则》中也对保护合法民事权益的立法目的进行规定。而且我国的《刑法》中所规定的“惩罚犯罪，保护人民”等类似条款，都代表立法者的价值导向。而此种价值导向也是基于伦理道德、社会习惯和法律价值等制定出来的。所以，在对政策法规的质量和实施效果进行评估时，所使用的评估标准也要表现出法律的价值导向理念。立法评估标准的价值导向功能可以具体地体现为道德导向、习惯导向以及科学导向。其一，立法评估标准是对道德导向的彰显。道德是善和恶、公正和偏私、正义和非正义的观念集合。自古代以来，道德就是把良善作为标准，从亚里士多德所提到的“善治”理念，到边沁所提出的“最大化的幸福”“趋利避害”和罗尔斯的“正义论”等，他们分别从不同的角度对法律的道德性进行了阐述。一部法制定的是好是坏，和道德导向有直接的关系，公平正义就是制度的道德。① 立法评估标准是对法及法的实施效果进行评价的尺度与准则，很显然对于良法的评估首先要将道德评价标准作为基础，具体的表现则是是否体现公平、正义、效率以及利益等道德价值的理念。其二，立法评估标准是习惯导向的彰显。习惯是在历史传承的过程中被沉淀下来被公认的价值，其中蕴含着伦理以及道德等价值的判断。客观且合理的立法评估标准的确定，应当对社会习惯因素进行考虑，并且能体现出特定社会习惯的价值导向的理念。其三，立法评估标准是科学导向的彰显。立法评估标准的设定主要是通过对立法质量和实施效果进行衡量与评价，为科学地对立法进行修改完善提供助益，所以，立法评估标准自身需要有客观性，就是客观地对立法价值进行描述、客观地对社会规律进行描述，体现出科学导向的价值。

（二）定量定性的评价

立法评估的标准是一系列的评价尺度体系，需要通过用明确且具体的方法对立法的问题进行说明。定量的评价功能则是用公式计算、数值分析等统计学和经济学的理论对评价对象的功能进行直观且具体地反映。立法评估标准的定量评价功能可以帮助立法评估中对于立法及其实施效果的客观和科学做直接的反映，把法律语言规范用更直观的数据形式进行展现，从而给出更为明确且具体的标准。然而，虽然此量化评估的功能有很多的优点，在实践过程中也有可能存在缺陷，由于“实证主义缺少对于社会行动以及社会价值间根

① 刘杨．法律与道德：社会公平正义的标准及其实现方式［J］．北京联合大学学报：人文社会科学版，2014（3）．

深蒂固联系的恰当的理解”①，如一些价值性的规范很难进行量化的困境，所以，把定性评价的方式进行引入，可能会在一定程度上补足定量功能的不足，对立法评估的标准机制进行完善。定性评价则是通过对立法的价值性以及总体性的评价，对立法的状况来进行确定。采取定量评估和定性评估相结合的方式，这是立法评估标准于应用方面的功能，将两者之间进行结合，才可更好完善立法评估的标准。

（三）对政策法规的补充完善

政策法规等在运行一段时间后，一般会涉及修改、完善的问题。这是由于两个原因：一方面是由需要所造成的，社会的发展已使原有的法律不能适应，需要修订，对社会新产生的一件变化了的法律关系进行重新适应，如随着互联网的迅猛发展，个人隐私权遭到挑战与重新定义，需进行重新修订等。另一方面是对法规自身的要求，法规在运行的过程中，自身的规定并不完善，或逻辑体系并不严密等。以上两个原因都是引起立法进行修改、完善的动机，而立法评估标准的设定则是要找到是否需要修改、完善的直接证据。立法评估标准对立法的质量和其实施效果的必要性、可行性、合法性、逻辑性和成本效益等具体标准内容的检验评价，分析出评估对象是否需要进行修改补充，及需要在哪些方面做修改等结论，从而为立法者进行立法的完善提供参考。所以，对立決的修改完善理应成为立法评估标准的功能之一，利用此种功能，达到提高立法质量的目的。

① 弗兰克·费希尔．公共政策评估［M］．北京：中国人民大学出版社，2003：34.

六、影响政策法规评估标准的因素分析

（一）影响因素之一：评估主体

政策法规评估的主体是政策法规评估的实施者、组织者以及参与者的总称。在政策法规评估的制度与实践中，立法评估的实施者、组织者以及参与者常会是不同性质的主体，而这些不同性质的主体因为在政策法规评估中所处的地位以及职责不同而起到不同的作用，这三种性质的主体共同构成了政策法规评估的主体。在政策法规评估的实践中，政策法规评估的组织者以及实施者可能会是同一个主体，一些政策法规评估中可能也仅有组织者以及实施者而没有参与者。在我国政策法规评估的实践中，评估的主体大都是评估标准的制定者，所以评估主体对于评估标准的设定起着重要的影响。其主要表现的方面有以下几点。

1. 评估主体的构成模式

评估主体的构成模式指政策法规评估的主体的结构形式。依据国内外的立法评估制度以及实践，其主要有一元的主体模式以及多元的主体模式的区别（也有把此称为单一主体模式以及复合主体模式）。一元主体模式指政策法规评估的实施者、组织者以及参与者都是同一性质的主体结构形式，如政策法规评估的实施者、组织者以及参与者都是行政机关内部的有关机构所进行的情况。多元主体模式则是指立法后评估的实施者、组织者和参与者有两个以上不同性质的主体结构形式。例如，由行政机关实施、立法机关组织以及社会组织进行参与的主体结构形式。在立法评估的过程中，不同性质的评估主体，对立法的评估标准和具体内容（指标）的设定有着不

同的影响。如在进行行政立法评估的过程中，因为评估的主体大多是行政机关一元主体的构成模式，所以评估标准的设定常常会忽视立法的价值标准以及立法的社会效益标准，而侧重于立法效率标准、单纯的法律文本的质量标准以及法律实施的效果标准。多元主体模式因为其主体结构可能有不同的利益需求以及价值取向，所以对评估的标准设定时，会在各方的利益以及价值取向上进行权衡的基础上制定出比较科学而又合理的评估标准。一元主体模式有评估效率高的优势，若评估的主体又是该评估对象的制定立法主体，那么它评估结论的效力影响程度自然也会很高。然而从评估标准设定的科学化以及合理化的程度来看，一元主体模式所存在的弊端要大于它的优势。所以现在许多国家的评估主体的构成模式都倾向多元主体模式，我国一些地方的立法后评估也正逐步对多元主体模式进行探索，从而使评估的结论更加客观和公正。

2. 评估主体的关注重点

不同评估主体的评估所关注的重点会产生一定的差别，虽是同一个评估主体，处于不同的时期所关注的重点也会发生变化。例如，美国于20世纪60年代开始运用的“3E”（效率性、经济性、效益性）标准做立法评估，而后又增加了公平性以及环境性两标准，从“3E”标准变成了“5E”标准，其原因是评估主体的关注重点发生了变化，评估主体关注的重点发生变化可能是因为不同的原因以及需要。英国的政策法规评估也经历了从以经济效率为重心的评估标准体系向以立法质量以及社会效果为重心的评估标准体系的转变，其评估标准的改变同样是因为评估主体的关注点产生了变化。

3. 评估主体的价值取向

评估主体的价值取向会对政策法规评估标准的设定起到非常重要的影响，由于评估主体有不同的价值取向，则由其所设定或者选择的评估标准同样会产生很大的不同。如评估主体的价值取向倾向以正义为核心的价值标准，其设定或者选择的评估标准会关注立法的道德性以及法律实施效果的社会公正程度。如果评估主体的价值取向倾向以秩序为核心的价值标准，那么其设定或者选择评估标准则会关注立法的工具性以及法律实施效果的社会稳定程度。

4. 评估主体的专业化程度

评估标准并不是孤立存在的，它要和评估的其他组成部分进行有机结合，才可以发挥出其应有的作用。评估体系的构成要素里，评估标准和评估指标之间的关系最密切，也更能体现出评估主体的专业化水平。评估指标是对评估标准的量化以及具体化内容，因为评估标准的抽象性以及主观性比较强，所以在政策法规的评估中，需要把评估标准进行量化以及具体化的分解，从而便于对评估数据的统计，收集评估的信息。在统计学中，一般将说明统计总体综合特征的名称和数值称为统计指标，简称为指标，它表明某一客观事物在具体的地点和时间条件下的总体水平、规模、结构以及发展变化的状况等数量特征。在评估标准向评估指标进行转化的过程中，若评估指标的制定者和评估主体是同一个主体时，则需评估标准的制定者拥有相关专业的知识及技能，这样才可以更准确地对评估指标的量化内容进行把握，它的语言表述与权重设计可以更加准确地体现评估标准的内涵，使评估指标在评估标准的具体的转化过程中的误差尽可能极少地出现。

（二）影响因素之二：评估对象

政策法规评估的对象指政策法规评估主体选择用来评估的规范性的法律文件或者具体的法律规范。在政策法规评估的过程中，评估主体所选择的评估对象不同，其评估的标准也会有差别，而其中评估对象的性质以及数量对于评估标准的影响也较大。

1. 评估对象的性质对评估标准产生的影响

评估对象所属的法律渊源以及法律部门的性质不同，评估的标准也会有一定的差异。如对法规及规章的评估，会对合法性与协调性标准更加重视；对地方性法规以及规章的评估除此以外还会对地方特色的有关标准进行关注；对经济法部门的法律规范做评估就会对立法效率以及立法效益标准等进行关注。

2. 评估对象的数量对评估标准产生的影响

依照国内外立法评估的实践，评估方案中所涉及的评估对象在数量上会有三种情况：一是对单个的规范性法律文件做评估，此种类型称为单项法评估或者个别评估；二是对于某一类别或者某一个法律部门的法律规范做评估，此种类型又被称为部分评估或者法律的类型化的评估；三是对于所有的现行有效的规范性法律文件做评估，此种类型又称为法律的总体性评估。对于不同的类型，立法评估的主体会设定出不同的评估标准，特别是针对单项的或者某一种类型的法律规范做评估时更会有针对性地制定出专门的评估标准。所以，一些学者认为评估标准应当有一般评估标准与特殊评估标准的区别。

第三节　政策法规评估的基本程序

自新中国成立六十年来，尤其是改革开放的四十年，中国特色社会主义法律体系已基本形成，我国政策法规的制定活动已从对于数量的追求向对质量的追求转变。在2004年，国务院颁布的《全面推进依法行政实施纲要》中，我国第一次确立了立法后评估这一制度。在此之后，云南、山东、上海等地都开展了立法后评估工作。地方立法后评估工作成了我国各地方政府提高立法质量的重要手段。然而各地在做立法后评估工作时，评估的程序有很大的差异，影响了评估报告的科学性和权威性，不利于立法质量的提高。所以完善政策法规评估的程序成为一个急需解决的问题。

从我国地方政策法规的评估实践来看，评估程序的启动一般会有随意性；评估的对象也主要集中于地方性规章；在评估的主体方面一元化模式有一定的弊端，但是多元化的构成模式也需要完善；在进行评估资料收集的过程中，系统化的收集模式也需要探索。总而言之，对我国的地方立法后评估程序进行研究，有益于推动我国的立法后评估工作更规范化并形成制度，有利于我国立法资源的合理配置。以下从政策法规评估程序的一般理论着手，对我国的政策法规评估程序的现状及完善来进行分析探讨。

一、政策法规评估程序的性质和意义

（一）政策法规评估程序的性质

政策法规评估程序是评估主体于政策法规在实施后依据社会发

展的实际需要，并结合立法的目的，对进行评估的法规的部分或者全部条文，或者实施的绩效、整体的制度设计、所存在的问题和影响的要素依据一定的原则、方式、步骤做跟踪调查并做出综合的评价，最后提出评估意见的过程。从广义上来讲，政策法规评估程序是指评估主体在评估过程中所依据的操作规程。包括评估步骤、评估时序等。从狭义上来讲，是指评估主体对于那些已实施的政策法规做追踪调查及综合评估，最后提出评估意见的方式及过程。政策法规评估过程依据评估行为而存在，评估的过程由不同阶段的评估行为构成，其前后的评估行为存在必然的联系。在此过程中，评估的主体要对评估对象进行选择，对评估方案进行确定，制作出评估报告，并依据报告建议废止或解释相关的法律法规。

评估报告的制定是日后对政策法规进行废止、解释、修订的重要依据，是政策法规制定程序的自然延续，是立法程序的一部分，同时又具有一定的独立性。由于我国立法体系逐步完善，立法重点已转移到对现行法律的修改与废止上，就这个角度而言，政策法规评估的意义不言自明。

（二）政策法规评估程序的意义

由于具有中国特色社会主义法律体系已经形成，我国立法的重点已逐渐地从数量向质量转移，进行政策法规评估程序的研究对政策法规的质量提高有很重大的意义。

（1）政策法规评估程序可以有效地防止评估的随意性。社会主义民主及法治要求任何权力的行使必须遵循相应的规范以及程序。“任何未经程序化的权力都有被滥用的危险。”[1] 政策法规评估程序

---

① 苗连营．立法程序论［M］．北京：中国检察出版社，2001（9）．

一旦被确立和规范，便可以使评估主体以及其他的参与主体依据评估程序的规定参与到里面，规范其评估行为。

（2）政策法规评估程序对于提高评估的公正性以及科学性很有益处。从公开性的角度来看，程序的控制比实体上的控制更为重要，也更易于受广大人民群众的监督，从而实现公正、有效的评估。

（3）政策法规评估程序促进实现立法效果的最大化。政策法规评估的程序是法规做补充、修改以及废除的启动前提。由于仅在政策法规评估程序开启时，才能对评估对象存在价值进行确认，对其与不断发展的客观存在的需要相适应进行评判，从而依照实际需要最大限度地促进立法效果的实现。

二、政策法规评估程序的原则

政策法规评估的程序原则贯穿于整个评估过程，指导政策法规评估程序的制定，并对政策法规评估的要求进行反应。若失去这些原则，政策法规评估的程序会很难做到科学公正。

（一）民主参与原则

民主参与原则指在政策法规评估的过程中，一定要保障评估的对象都可以广泛参与评估的过程，评估机构分析、收集及归纳他们的意见以及建议，并做出回应的一项基本的原则。坚持民主的原则，强调开辟出多种途径，尊重公众意愿，尊重民主的表达，与此同时还需要评估机构结合评估意见和评估报告，把其转化成评估结果的可靠性来源，而并不仅是单纯的一种摆设。

（二）程序公开透明原则

程序公开透明原则指在评估的程序中除依法不能公开的事项外，

其余进行的每一个步骤，以及每一个阶段都需呈现在公众的监督下。作为展现公众的最基本标准以及基本要求，一直以来，程序公开透明被当作是伸张正义的前提。程序公开透明能使公众更好地参与法治社会的建设中，增强法律意识，能够知法守法。另外，程序公开透明能够有效地保护公民参加活动、了解信息的权利，保障公民行使监督权。最后，程序公开透明能够有效地保障政策法规评估的合理性以及科学性。

（三）客观公正性原则

客观公正包含程序公正以及实体公正，程序公正保障实体公正。客观公正要求在程序的设计上合法和民主，不能违背宪法。评估的程序启动之前不能进行主观的臆断，应当用客观公正的态度看待政策法规在实施中所遇到的各种问题。在评估中要结合客观实际及当时的立法意图做综合的评价而不可以进行假设，只有如此，才可以得出比较客观公正的结果。

（四）系统全面原则

这里指立法评估不应仅局限于法律规范条文的本身，还应关注法规间的衔接协调性、制度设计的合法性、执法效果及社会效果等。立法评估活动应有一定的系统全面性，其包含有评估阶段的设置及评估方法的选择等。只有对法规进行全面系统的评估，才可以取得最有价值的多角度的评估结论，也才可以找到问题真正的症结所在。

（五）实效性原则

这里指政策法规实施之后的社会效益以及法律效益的实现程度。

实效性原则是依据政治、经济以及社会形势的变化，对政策法规实施之后的社会效果、立法目标的实现程度、法规的可操作性和法律责任设置的科学合理性做评估，来判断其实施效果。

三、政策法规评估的实施

一般来看，政策法规评估贯穿于政策法规制定实施的全过程中。我们认为政策法规的评估步骤依据“政策制定—政策执行—政策效果”的过程分析模式，评估活动关系“方案评估”（事前评估）和“执行评估”（事中评估）以及“效果评估”（事后评估）的各节点。对于这些不同的节点，依据前述的政策评估标准，可以更进一步对评估的关注点进行确定，进而建立评估指标体系框架，确定评价的指标以及方法。

针对政策法规评估的步骤，应当包括以下几个方面。

（一）确定政策法规评估主体

评估主体的确定，直接关系到立法后评估的质量以及效果。一些学者依据评估启动的机制不同，提出社会主导型、国家或政府主导型和国家与社会联动型这三种模式。[①] 由谁来进行组织以及主导整个评估的程序，并且确保评估程序的有效进行是第一个需要解决的问题。作为政策法规评估程序中的启动环节，对评估主体进行确定，对政策法规评估程序的正常进行具有非常重要的作用。

美国早期的政策法规评估是政府进行引导的，其公正性与科学性越来越难以取得公众的信任。随着公众的参与和权利意识的增强以及公众服务意识的转变，公众对于评估程序的监督越发的深入，

---

① 王锡明．地方立法后评估程序研究［J］．人大研究，2011（10）：28.

评估的主体也逐渐向公民、国会以及政府等多元化发展。美国通过制定的《政策法规法》《灵活规制法》以及《行政程序法》构建起立法后评估制度，注重公众参与（很多的非政府部门成了评估的重要主体，如大学的学者与研究中心、大众传媒、私人研究组织、公共利益组织及压力集团等）的同时，总核算办公室的研究、国会监督、总统委员会的活动和部门内的“内部”评估也是经常参与其中。自20世纪80年代以来，英国开始了政策法规评估，它的评估主体有部长会议、立法主体，以及大臣与议会等。日本的政策法规评估有鲜明的行政主导特点，包含第三方评估主体、地方评估主体以及中央评估主体。西方国家的立法后评估主要是国家或者政府主导型，同时会有明显的公众化的倾向，社会的参与力度也越来越大。

我国的政策法规评估主体的模式从一元化向多元化发展。主体成员除传统的第三方评估机构、立法机关及执法者之外，也应当对利益相关者、司法者和传播媒体进行考虑。完善的多元化主体模式包括有二类主体，即组织主体和参与主体。①组织主体：立法机关是组织主体，这与我国的宪政体制相符合。与此同时，其在立法的过程中了解更多的信息有益于其掌握更多资源。此外，立法机关有较强的组织能力，可取得行政机关以及司法机关的协助。②参与主体：司法者、执法者、第三方机构、利益相关者和社会媒体共同构成政策法规评估的程序中的参与主体。司法者以及执法者是直接的执行法律法规的一线岗位，成为检验政策法规中的重要一环，其执法经验是政策法规评估的程序中不能忽视的一环。某部法律以及法规的实施可能会造成某些利益相关者潜在的利益受到损失，这使利益相关者要求立法机关做政策法规评估的意愿愈加强烈，有利于推动政策法规评估的进行。与此同时，利益相关者的意见和建议对政策法规评估效果的实现也是有益的。第三方评估机构的参与可以调动社会资源，充分保障政策法规评估的公开透明性、科学性以及民主性。大众传媒是政策制定者和公众间的一个传播媒介，具有透明、及时以及公开的特点。他们不但是政策法规的传播者，同样也是表达公众意愿以及要求的窗口。①

（二）决定政策法规评估对象

从实践经验来说，评估主体对评估的对象进行选择时要根据一定的评估标准。必要性、有效性、时间性以及可行性是选择评估对象时应当考虑的。

根据我国的政策法规评估现状，选择政策法规评估的对象，可以从以下几个方面考虑。①一般来说，涉及公共管理类、经济以及社会法规在实施2～4年之后，实施的效果已经显现对其应当进行立法评估；②对于在实践的过程中已出现冲突与矛盾的政策法规应当进行优先考虑。随着新政策法规的颁布和实施，新旧的政策法规之间以及各部门所制定的政策法规间有可能会出现一些相互矛盾的地方，给执法以及司法带来各种麻烦与困难；③对在制定当时本身就有争议但是最后获得通过的政策法规应当对其进行足够的重视，并做重点的评估。②

（三）确定政策法规评估内容

我国的政策法规评估的对象比较多元。确定评估内容指的是对所要进行评估的政策法规的何种内容以及何种情况进行评估。一般

---

① 谢吉晨．政策法规评估的“主体资格”探微［J］．理论导刊，2007（3）．

② 王锡明．地方立法后评估程序研究［J］．人大研究，2011（10）．

是以下几个方面。

1. 合法性评估

我国是单一制的国家，维护社会主义法制尊严和统一是一项基本原则。一切政策法规不得和宪法相抵触，下位法不能与上位法相冲突，这是对地方政策法规的基本要求，同样也是最重要的原则。

2. 合理性评估

合理性评估指的是评估对象的价值取向以及目的是否与社会经济发展的需要相符合，法律制度的设计目的是否正当，是否依照公平以及公正的原则对权利和义务进行设置，是否满足大多数公众的需求，是否与公序良俗相符合，是否与因违法行为导致的社会危害程度和其所承担的法律责任及其行为的性质相适应，这些都是合理性评估范围。

3. 实效性评估

实效性评估指的是受法律规范的指引与约束的对象在实际行为上受到指引与约束。也就是说，人们的实际行为是否与法律的规定相符合。

4. 可行性评估

可行性评估指的是执法机关是否能够依据法律所设定的各项制度达到实现立法目的的效果。

5. 规范性评估

规范性评估指的是从立法技术角度对政策法规是否可行、协调，以及是否完备进行考察。立法技术指的是在立法过程中对于相关法规的修改、制定、废止以及补充的技能和技巧规则所遵循与体现的总称。一般会考察法规形式结构的完整性，政策法规名称、体例的统一性，法规逻辑结构的规范性和语言表达的准确性等。

6. 适应性评估

适应性评估主要是指各项规定是否与社会发展的需要相适应，是否会体现地方的特色，是否可以解决地方的问题与矛盾。

（四）制定政策法规评估标准

政协法规评估应当包括事实标准与价值标准两个部分，其中事实标准应该侧重于合理性与合法性，立法成本和立法收益，而价值标准应该侧重于政策法规是否符合社会公正性、公平性，是否体现社会民主等。

（五）选择政策法规评估方式

评估方式是否科学与评估结论的科学程度有直接关系，因此，评估方式在立法后评估的程序中有非常重要的作用，评估方式应服务并服从于评估的原则及目的。政策法规在评估的过程中应广泛地听取不同的参与主体所持的意见，只有选出恰当的评估方式，才能保障参与的主体可以更加充分参与到评估过程中去。

按照现在国内外的先进评估经验，政策法规评估的方式类型主要有以下几种。

1. 公众问卷调查

这是一种最普遍的方式，其适用的对象主要是公众，调查问卷是先由立法后评估的组织主体进行设计并准备完备，其后采用定向或非定向的方式将其发放到公众的手中，再对相关的数据做整理、收集，最终形成相关的调查报告。由于当今社会网络的普及以及快速的发展，采用互联网问卷的形式做调查也日渐成为一种方式，公民通过网络填写并提交问卷，最后形成所需要的数据。尽管此种形式的工作量相对较大，延长了调查的周期，但是它能够更完整地获取所需要的信息，也能够更真实地反映出评估对象的实效性。

2. 专家组评估

此种评估的方式一般适用于高校、科研机构、社会团体或行业组织中遴选出的专家学者组成的专家组。评估的对象一般是属于专业性较强的类型。

3. 听证会评估

此种方式的使用有相当严格的限制，它仅适用于采用其他的方式所取得的反馈信息显现的各参与主体对其评估的对象存在较大的分歧时才使用。此种方式一般都会于评估程序的后期，并且在提交评估的报告之前进行安排。

上述的各种办法，无论是采取什么样的形式，都一定要广泛地对信息进行收集，通过仔细且系统的分析，把各种因素纳入评估的体系当中去。以上的各种方式并不是单独使用其中的一种，而是采用多种方法结合的方式来进行。

（六）确定政策法规评估的时间

在地方立法评估进行的过程中，时间启动是否合适会直接地关系到评估结果的科学性以及可靠性。从现在我国的实践经验来看，各地的评估程序所启动的时间也是不尽相同的，如哈尔滨市对于《哈尔滨市原煤散烧污染防治办法》进行的评估开始的时间是该办法实施十个月后进行的；上海市就《上海市滩涂管理条例》所进行的立法评估开始的时间是该条例实施了五年之后；济南市就《逝南诗城镇职工基本医疗保险暂行办法》进行的立法评估是该办法实施了九年多之后才开始进行的。因此，从各地方的立法评估所启动时间来看他们是各不相同的，对于什么时候启动也是没有一个科学的标准，这对评估结论的科学性以及可靠性打了折扣。

在确立启动评估时间的问题方面，若过于急促，则会因法律法规的实效及问题没有全部的显现而影响到评估的结果，还可能由于时机的不成熟而造成立法资源的浪费。若启动的时间较晚，法律法规暴露出来的问题可能会由于长期不能得到解决而造成社会矛盾的激化，有可能损害法律的权威。所以，将启动的时间限定于一定的年限内是很有必要的，结合我国现在的实际情况，一般说来，一项法律法规在颁布后的二年至四年内做一次评估是相对比较合适的。

（七）收集并整理政策法规评估的信息

评估资料是进行评估的基础，它不仅能被看作评估主体最初评估判断的依据，而且也可以被看作评估活动的尺度，所以从某种意义上来说，立法评估的过程也即对评估的资料进行收集和整理，以及分析处理的过程。

1. 收集信息的方法

从实践我们可以看出："收集信息的手段以及方法有很多种，经常采用的方法有：①调查法；②观察法；③实验法，如在进行开会调查、进行个别访问，以及组织问卷调查等；④资料查阅法，如查阅政策运行记录等；⑤个案法，如典型案例分析。这些方法各有各的特点及应用的范围，在使用时最好互相配合，这有利于所获取信息的广泛性、准确性以及系统性。”①

2. 收集信息的范围

目前，我国的社会公共组织的发展并不是很成熟，政府对于信息公开的程度尚不够，立法后评估需要的资料主要源于国家机关。评估的主体或者受委托的主体取得所需要的信息来源于以下途径。

（1）立法机关掌握的资料。地方立法评估的对象是立法机关制定出的地方性法规，所以和立法关系密切的所有的信息，在评估时都应对其进行收集。对评估对象草案的提出、审议和表决，以及公布的全部过程都应进行掌握。

（2）执法机关掌握的资料。法律法规的生命力是实行，所以执法机关掌握的相关资料以及信息就显得非常的重要。执法资料包含在执法的过程中遇到的问题及困难、宣传法规的支出、守法或者违法的情况、执法的社会效果和法律本身存在的不足等。若这些信息的收集不够全面，则很多的评估可能会没法进行下去。

（3）司法机关掌握的资料。司法机关处在一个相对比较中立的地位，所以司法机关的资料有很重要的参考价值。资料包含为了展开诉讼而增加的人手及设置的机构、和评估对象相关案件的数量以及审结的百分比、司法机关对于法律自身所归纳的不足之处等。

（4）公众守法的资料。公民自觉守法是实现立法目的的依靠，所以，公众对法律的理解以及认知的程度对于法律的顺利实施有着直接的影响，公共评价是立法后评估中的一个很重要的环节，公众守法的资料一方面是源于执法以及司法机关，另一方面则来源公众自身。

---

① 刘雪明．政策运行过程研究［M］．江西：江西人民出版社，2005.

3. 收集资料的标准

在地方立法后评估进行的过程中，对于信息资料的收集需要有一定的标准，这样才可以减少信息搜集的难度，提高立法后评估的效率，保障评估程序的顺利进行，收集资料的标准主要有以下 3 个方面。

（1）全面性。在立法后评估进行的过程中，因为收集资料方式的不同以及收集信息的个人对所收集内容的理解存在差异，常常会因主观意识造成信息的片面。所以在收集资料的过程中对于正反两个方面的信息都要涉及，争取能够把反映整体情况的资料做全面的收集，这对评估结论的科学性是有利的。

（2）真实性。收集资料的真实性标准要求资料收集人员收集的信息真实并且准确，即资料来源一定要真实可靠，而信息分析人员对于信息的加工也一定要真实准确，没有偏差。

（3）目的性。收集资料的目的性指的是收集人员需要明确对资料收集的目的，只有如此才可以有针对性地展开收集工作，节省资源来减少不必要的浪费。在资料收集的进程中要防止主观臆断造成的信息收集的零散片面而把信息的客观性弱化了，同时也要保持取得资料渠道的通畅。

4. 整理分析信息资料

对资料的整理和分析能够分成形式上的整理分析和实质上的整理分析。

（1）形式上的整理分析。形式上的整理分析主要指的是对已取得的资料做归类并且进行简单的分析，对所取得的调查数据展开统计学的分析。来自国家机关的资料，由于是通过法定的程序所收集而来的，因此应当把它当作权威性很强的资料来使用，与此同时也应结合从各部门对于同一问题收集到的不同的资料和其他信息做审核。对于明显与常理不符合或者与规律相违背的资料，应当通过和它有关的部门来核实处理，若不能核实或依然存在疑问应当把它放弃，以免会影响评估结论的科学性。另外，对调查数据的处理也应按照科学的方法，由专业的社会调查机构来配合评估机构按照评估主体的具体要求以及所提供的材料来进行。

（2）实质上的整理分析。实质上的整理分析分成定性分析及定量分析两种，现在从我国地方立法后评估实践来看，大都是侧重于定性分析。这是由于我国目前尚处于立法后评估的起步阶段，很多地方都还没有明确有关评估的规定以及评估操作的相应规范，对于定性评估的使用还不熟练就更别提对于定量评估的施行了。

定性分析一般会对法规的合理性、合法性、可操作性以及科学性等问题进行考察。由于政策法规的制定机关有一套比较规范的制定流程，因此它的程序合法性并不需要考察，然而对于内容的合法性的考察，就需要评估主体认真对待。合理性指的是在合法的基础上，进一步评估法规是否与合理性的要求相符合，这是一般人都具备的认知以及心理诉求。可操作性、科学性及实效性指的是法律法规要科学，要具有可操作性并可以产生实际的效果，尽管合理合法，如果缺乏这三种属性也就无法称为合格。

综上所述，政策法规评估在进行信息资料的整理分析时，对评估主体有更高的要求，这要求评估主体不但要对信息资料进行更加全面的掌握，而且还应当有较强的分析能力及综合评估的能力。

（八）形成与公布政策法规评估报告

政策法规评估报告的形成以及公布，是评估主体对于评估对象展开评估后形成的。评估结论是用报告的形式制作的，并且是采用法定的形式将其公之于众。评估报告的形成以及公布，有益于公众进一步的理解国家的政策法规现状。评估后得到针对该项法规的意见及建议，用评估报告的形式进行公布，有利于督促相关部门对其进行及时的修改、废止或者补充。

第四章

我国政策法规评估的实践与问题

我国的政策法规评估制度尽管起步较晚，但因为其作为推进依法治国的有力手段，终会受到各级政府日益重视。现在，政府已逐步意识到政策评估对于优化政策制定以及提高政策执行是很有帮助的，部分地方政府把政策评估当作检测政策优劣的有效手段，中央政府采用审计以及监督的途径对地方政府的部分政策做评估，把地方政府的政策评估作为设计新政策的依据。

党的十八届四中全会提到："要完善立法的体制，引入第三方的评估，深入地推进民主立法以及科学立法。"2015 年第十二届全国人大三次会议对《中华人民共和国立法法》（以下简称《立法法》）做了修改，在新修改的《立法法》第 39 条及第 63 条分别对法律草案的立法前评估以及法律的立法后评估制度进行了规定，明确规定了针对国家政策法规的评估制度。现在，我国已经制定宪法以及有效的法律共 240 部、地方性法规 8600 多部以及行政法规 706 部[①]。依数据显示，和国家的立法相比，地方性法规在我国的法律体系中占据的数量很大。与此同时，我国的法律体系中还有大量的规章，

① 国务院新闻办公室《中国特色社会主义法律体系》白皮书。

其中很大一部分是地方政府规章。[①] 地方性法规以及地方政府规章等地方立法与法律以及行政法规等国家立法相比较，在立法质量上仍有很大的差距。2004 年国务院为了提高行政立法的质量，对行政规章以及规范性文件明确提出了立法后评估的要求："规章以及规范性文件在施行后，制定机关以及实施机关应定期的对其实施情况展开评估"[②]。为提高各个地方的立法质量，各地方政府依照纲要要求，针对地方政府规章做立法后评估工作。[③] 2011 年国务院新闻办公室发布了《中国特色社会主义法律体系》白皮书，在其中提出了要"建立健全立法后评估机制"。各地方也开始对地方性法规展开了立法后评估工作。但是，当前还未有法律法规对地方立法后评估制度做出统一规定。学术界对地方立法后评估制度之中的评估内容、评估主体、评估指标，以及评估结论的应用等重要的理论问题也还没有形成统一的观点；在立法的实践中，我国各地方进行的地方立法后评估工作形式多样，评估的效果也不尽相同。

第一节　我国政策法规评估的实践

我国政策法规评估制度发展的时间比较短，尚处在一个比较初级的阶段，缺乏系统的理论指导，经验的积累也十分匮乏。尤其是政策法规评估的基本问题也还没有得到解决：由谁来担任评估的主

---

① 2011 年 10 月据统计，我国还存在大约 12000 件以上的规章，其中大约 3031 件国务院部门规章和 9664 件地方政府规章。参见 http：//news. xinhuanet. com/legal/2007 -03/27/content_5903701. Html，最后访问时间：2015 年 7 月。

② 中华人民共和国国务院《全面推进依法行政实施纲要》。

③ 黑龙江省于 2007 年以《关于开展我省部分地方性法规和省政府规章立法评估工作的通知》（黑政法发〔2007〕23 号），由省法制办牵头组织省直有关部门，对黑龙江省前几年制定的部分地方性法规和政府规章开展立法评估工作。参见 http：//www. hljfz. gov. cn/data/xwxx/news/1180157372265. html，最后访问时间：2014 年 10 月 5 日。

体、评估的指标体系怎样构建、评估结论的应用等，我国的政策法规评估存在诸多的亟待解决的问题。

一、地方政策法规评估情况

在对政策法规评估进行探索的过程中，地方立法机关有关政策法规效果评估的实践工作走在了国家的前面，成了“第一个吃螃蟹的人”，且此种探索是积极且有益的。2000年山东省人大法制委员会对于《产品质量法实施办法》《私营企业和个体工商户权益保护条例》《法律援助条例》以及《就业促进条例》等，从法规设定的权利与责任、权利与义务是否合理和法规的执行情况等方面做了立法效果的评估；之后，云南、甘肃、重庆、上海、北京、福建、大连、海南及青岛等省市先后进行了立法后评估工作。

2005年8月，上海市人大常委会正式启动了2003年起实施的《上海市历史文化风貌区和优秀历史建筑保护条例》的评估工作程序。其主要针对两个方面的内容做评估：一个方面的内容是该法规于实施之后所产生的效果；另一个方面的内容则是该法规中各项制度的设计是否需完善。这次的立法后评估工作前后共经历了大约一年的时间，上海市人大常委会以及市人大法制委员会在期间组织展开了大量的问卷调查，依据最后的统计结果看有将近78.9%的受调查者认为，该条例发挥出了其应有的保护作用，使“利用服从保护”的原则更加深入人心。

云南省在2004年开展了“立法回头看”，也即我们所说到的立法后评估。他们分别尝试使用三种各不相同的组织形式：第一种是由省人大法制委与当地的农业工作委员会共同的开展对于《云南省农村土地承包条例》的评估；第二种则是由省人大法制委组织牵头，并联合省人大财经委，以及省邮政局等共同展开的对《云南省邮政条例》的立法后评估工作；第三种是云南省的法制委联合省广播电视局等共同对于《云南省广播电视管理条例》展开的立法后评估工作。从中我们能够看出，除省人大法制委一直在主持立法后评估的程序外，依据不同的法律法规的需求，云南省的立法后评估主体也有“有关委员会”和“政府有关部门”来开展相应的评估。另外，从2006年开始，云南省将“立法回头看”从一开始的法制委员会组织来进行牵头上升至以“常委会”的名义来进行，并且最终把这一工作列成了一项经常性的制度。同年，云南省也对《云南省人口与计划生育条例》进行立法后评估，评估报告引起了国家人口与计生委的高度重视，产生了较大的影响。

地方部门在政策法规评估的实践，对推动我国政策法规评估制度的发展起到了积极作用。

二、我国政策法规评估的主体

政策法规评估制度首先需要解决的问题是由谁来实施具体操作。有的学者依据评估的启动机制的不同，提出社会主导型、国家或政府主导型和国家与社会联动型三种模式。[①] 具体在政策法规的评估中，结果又是不同的。从目前的实践可以看出，我国对于公共政策的评估及法规的评估并不是相同的。

（一）我国公共政策评估的主体

从主体方面来看，我国的政策评估主体一般分成两类：一是非

① 李沫，蒋建湘．立法后评估的实践与反思——以长沙市地方规章立法后评估为视角［J］．中南大学学报（社会科学版），2012－06.

官方的评估组织；二是官方的评估组织。我国的政策评估组织不但在中央有设立，在地方的各级政府内部也同样是有设立的，而最高层次的评估主体则有：国务院国际问题研究中心以及国务院发展研究中心、中共中央政策研究室、政府设立的政策研究室和各级地方党委所设立的政策研究室等。一般隶属中央一级机构的评估主体，其政策过程比较规范，并且这些机构可以使其所拥有的职能基本上得到实现，尤其是对一些比较重大的国家公共政策，他们会对公共政策的实施前、实施过程中以及公共政策实施后的阶段展开严谨的评估，这不但能够保障国家所实施的重大政策的科学性，而且还可以适时地控制公共政策在颁布实施后所产生的社会影响。如国企与政府机构的改革等，这都需要经过许多专家反复的调查以及研究、评估之后，再进行论证才最终出台，与此同时，公共政策在实施的过程中，评估的专家还会对其展开跟踪评估，来确保公共政策实施方向的正确性。而非官方的政策评估机构分为两类：一类是民间的政策研究组织；另一类则是充当社会中介的政策评估组织。这是由第三方机构对公共政策所进行的评估，并不是由公共政策的制定者或执行者所进行的评估。

（二）我国法律法规的评估主体

法规评估主体，是主导、组织及具体承担立法后评估工作的个人以及组织，对于评估主体的确定，将会对立法后评估的质量以及效果产生直接的关系。法规的评估主体一般由同级的人大授权机关、上级国家机关以及实施机关组成，其中立法机关能够当作法规评估的主体，如拥有立法权的各级人大及常委会与各级人民政府。在国务院所颁布的《全面推进依法行政实施纲要》中规定，需要制定法律法规的机关在一定的期间内对自己所发布的法律法规展开立法后评估。另外，依据《中华人民共和国立法法》的规定，法规制定的同级人大能够监督并且评估它的内部组成机构与同级的人民政府规章的制定行为，上级国家机关有权力对于下级国家机关的立法以及执法活动展开监督，授权机关有权力撤销被授权机关所制定的超越其授权范围或违背其授权目的的法规，在必要的时候可以将其授权撤销[①]。实施的机关对于法律法规在实际中的具体运行情况比较了解，在进行立法后评估时具有天然的优势，且握有第一手资料，因此法律的实施机关是不可或缺的评估主体。

当前我国很多地方性法规以及地方政府规章草案，大多是由有关行政机关职能部门做初稿的草拟，然后由地方政府的法制部门对其进行审核，或直接由地方人民政府的法制部门做起草者。如海南省人民政府在2005年颁布的《关于地方性法规起草和行政规章制定程序的规定》其中规定："省法制部门是起草地方性法规以及制定行政规章工作的主管部门。"行政机关在起草完草案文本之后，把地方性法规的草案提交到地方人大常委会的法制工作委员会进行修改，最后交由地方人民代表大会或常委会通过。例如，黑龙江省政府的法制办公室其主要职责之一就是负责起草或者组织起草、审查修改以及协调论证地方性法规草案。[②] 如地方性法规《黑龙江省城市供热条例》是先由黑龙江省人民政府的法制办公室组织起草，然后公布信息征求意见，再提交到省人大常委会法工委进行修改和征求意见，最后再提交进行表决通过。有学者统计指出："我国的地方性法规，大约90%以上的起草主体是行政机关中的相关部门，并由政府法制

---

① 《中华人民共和国立法法》第88条。

② http://www.hlj.gov.cn/jgsz/zsjg/fzb/，最后访问时间：2014年10月5日。

办进行全程参与。如南京市所制定的61件地方性法规，其中的57件是由政府主管部门所起草，占比达93%，市人大专门委员会或常委会的工作委员会所起草的法规仅有4件，只占到7%。”有人认为，在地方立法的实践中，地方立法权几乎完全是行政机关所行使，尤其是在立法起草阶段完全掌握在行政机关的手中。作者认为该起草方式有弊端。有学者呼吁改革起草方式。在《中共中央关于全面推进依法治国若干重大问题的决定》中要求“健全立法起草、论证、协调、审议机制”，“探索委托第三方起草法律法规草案”。

三、我国政策法规评估的对象

启动任何评估，首先都应确定评估的项目，就是“可评估性确定”。其原因有两个：①政策法规评估要使用物力、人力以及财力等资源，因为资源的有限性，不可能将所有曾实施过的政策法规都当作评估的对象，一定要结合有效性及可行性的原则，选取有价值的政策法规当作评估的对象。②启动一项评估，一定会涉及政策相关人员的态度以及需求。只有政策法规制定者以及执行者积极配合，才能够取得相关的评估信息，而评估的结果才被有效地利用。

一般来说，对于政策法规评估，政策法规自身没有产生任何的问题，政策还没有出现明显的变动情形，或者是社会各界对于政策目标的认识冲突比较大，评估费用以及人员不足时，都不适合展开评估。这时进行评估，或是没有这个必要，或是能力达不到，或是很难让冲突的意见形成共识。这些都直接会影响到评估的有效性。

具体来说，在确定政策法规评估的项目时，应当重点考虑以下几种情况：①法定评估项目。若制度或者法律所规定的某项政策应当展开评估，那就要把它确定为评估的项目。②问题较大的政策。

一项政策的推行若出现比较大的问题，则也应当及时进行评估，尽快修正或者终结，避免造成更大的损失。③效果显著的政策。若一项政策的效果显著，效率、效能、直接或者间接的社会影响都呈现比较高的水平，那么可通过评估来总结经验，并进行推广与借鉴。④应要求评估。若社会各界普遍地对某项政策提出评估的要求，则不论是出于积极或者消极的目的，都说明了一种社会需求与关注，同时说明了该政策有评估分析的必要性。所以应当启动评估，一方面可满足社会需求，另一方面可对该政策做系统的检验。⑤长期项目的阶段评估。对长期的项目来说，尽管从总体上看很难进行把握，然而通过阶段性的评估，对于阶段效能、效率、综合影响、执行的过程和阶段目标的实现情况做衡量以及评判，能够达到对总体目标实现的保障作用。所以，对于长期的项目应当依据阶段要求来确定是否展开评估。[①]

和政策评估的对象有所不同，法规评估的对象应当重点放在实施一段时间后的重大立法上。美国、英国等立法后评估制度较成熟的国家，普遍采用的是数字量化的方式，从立法的成本或立法对经济的影响程度等角度对重大立法进行了界定，这样进行界定的优势是能够明确地划定评估的范围。我国正处于经济发展转型的特殊时期，立法后评估制度在我国迅速的发展、评估范围在不断地扩大，对于我国“重大立法”概念的界定，应侧重在以下几个方面[②]：①对于国家安全、经济宏观调控、社会稳定以及生态环境保护有重大影响的立法；②直接关系到公共安全、人身健康、公共利益以及生命财产安全的立法；③在合法性、合理性、可操作性以及适应性

① 高庆蓬．教育政策评估研究［J］．东北师范大学，2008.

② 雷斌．关于建立立法后评估制度的几点思考［J］．人民之声，2007（6）.

等方面可能有问题或实施的效果不明显，需要进行重新起草、修订或废止的立法；④社会公众以及有关组织有较大争议且反映的问题较强烈的立法；⑤有明确的法律依据需展开评估的立法。

我国的政策法规评估还处于起步的阶段，专业的政策法规评估机构以及成熟的评估实践都比较缺乏，从这一现状来说，政策法规评估对象的选择会直接关系这一制度的成长以及成熟，所以应当依据不同评估对象的特征，从可操作性、针对性及有效性等方面对评估的对象进行选择，最大限度地使用评估资源，推动我国政策法规评估制度的构建及完善。

四、我国政策法规评估的范围

从目前我国的实践来看，政策法规评估的范围主要有以下几个方面。

（一）政策法规的价值评估

政策法规价值，指的是政策法规主体通过政策法规的客体作用，实现自己的意志以及利益，即政策法规在实施后所带来的利益或者导致的损害在利益相关群体之中的分配是否公平，以及是否体现出广大人民的根本利益。[①] 如当前社会在政策法规的实施过程中，能否体现出社会和谐及平等止义的社会价值取向。政策法规的价值是政策法规效果的内在性质，是政策法规的目标属性。政策法规价值实现的程度决定了政策法规的生命力以及延续力。

① 尹娜娜．我国公共政策评估存在的问题及其完善研究［J］．湘潭大学，2012.

（二）政策法规的效果评估

政策法规效果，指的是政策法规在运行的过程中体现的社会系统效率的提高，以及政策法规运行的过程中和结束之后社会系统全面的收益、效果以及成果。政策法规的效果是政策法规价值外在的表现形式，政策法规的效果能够分为政治效果、社会效果、经济效果以及技术效果等。总而言之，政策法规的效果应当包括：政策法规的非预期影响、政策法规预定的目标所完成的程度、和政府行为有关的各种环境的变化、所投入政策法规的直接成本及间接成本等。[①] 政策法规效果的评估是政策法规评估的核心内容，政策法规的效果是决定政策法规运行成败的重要因素，所以政策法规评估的主要任务即是对政策法规的效果展开评估。

（三）政策法规的效率评估

评估政策法规的效率就是相对于其实施所需要的全部成本，政策法规所取得的成果的评价。可以从成本和收益的角度展开评估，一方面测定政策法规方案在实施后，成本和收益之间的比例；另一方面则是政策法规在执行过程中所消耗掉的资源和政策法规收益间的比例。对于这两个方面比例的评估能够评估出政策法规的效率高低。

（四）政策法规需求的评估

政策法规评估的内容不但包括政策法规或者政策法规方案实现其预定目标的程度，相对于投入成本的效率水平以及被有效执行的

① 汪全胜．制度设计与立法公正［M］．山东：山东出版社，2005.

程度，还应当包括对于政策法规的需求评估，就是通过对于一个社会或者社区以及特定的群体需要何种政策法规进行研究分析。政策法规的需求评估是对政策法规评估的一种升华，是政策法规能够可持续运行的基本保障。

一项政策或者一部法规的出台，其实施效果怎样，随着经济社会的发展，能否实现其立法目的，能否推动当地经济、政治、社会、文化和生态文明建设的发展，取决于该项政策法规的质量。一些政策法规实施一段时间之后，它所存在的问题会暴露出来，如有的政策法规与法律、行政性法规以及其他的政策法规有矛盾；而有的政策法规则会过于原则化，在实践的过程中缺少可操作性；有的政策法规会明显的与社会发展不适应；有的政策法规所实施的成本过高等。这些问题同样也是政策法规评估制度评估的内容。评估主体在对政策法规实施的状况进行全面的了解后，对政策法规不适当且不完善的地方做综合评价，最终得出评估结论。对于政策法规评估的范围是否科学全面、客观翔实以及准确及时等，直接决定着评估的质量，并进一步影响政策法规评估产生的实际效果。

五、我国政策法规评估的标准

政策法规评估的过程是个很复杂的过程，怎样能够客观公正地对政策法规进行评估呢？作者认为，政策法规的评估应当针对政策法规和它活动的全过程各环节展开评估，评估的标准应包括以下几个方面。

（一）政策法规的目标标准

政策法规的目标是制定政策法规的起点，同样是政策法规所需要实现的终点。政策法规目标在政策法规的执行中具有约束、指导、凝聚、辐射以及激励的作用。评价一项政策法规是否成功的重要标志，即看政策法规在执行后是否可以在预定的时间内能够完成其确定的目标。则在进行评估政策法规时，把制定政策法规时所要达到的标准或目标，同在一定时间限度内执行政策法规所达到的目标相比较来进行评价；如果政策法规在预期时间内取得的成就同制定政策法规所定的标准一致，那么，很明显这项政策法规是很成功的，达到了预期的目标。因此，评价政策法规是否成功的第一个标准应该看政策法规在预期的时间内是否完成或实现了预期的目标或标准。

（二）政策法规的投入标准

一项政策法规从提出、列入议事日程、制定到执行等各环节都要有大量的人力、财力、物力以及信息等各种资源。即制定、执行及贯彻政策法规要有一定的投入，这些投入有：资金的来源及支出，执行政策法规所需要的机构、人员及工作时间的数量和质量等，政策法规资源和政策法规对象间的相互的关系等。① 投入标准要对一项政策法规所投入的种种资源的质量和数量进行衡量，它的实质即从资源的投入来对决策机构以及执行机构所做的工作进行衡量，就是所谓的政策法规评估的成本问题。投入也是政策法规能否获得成功的一个重要因素。因此，评估一项政策法规是否成功的重要标准可从各种投入来进行评估。

（三）政策法规的公平、公正标准

政策法规的公平、公正标准是政府按照特定时期的目标，有效

① 陈庆云，等．现代公共政策概论［M］．北京：经济科学出版社，2004.

地增进以及公平分配社会公共利益的过程中而制定的行为准则。公共性是政策法规的一个重要特征与体现。因为市场本身的缺陷，社会资源的分配以及调节方面存在市场失灵的一些问题，政府的政策法规应当发挥出它的调节作用，而调节作用更多的则是体现在社会公平的方面。所以，在政策法规的制定过程中应当将社会利益的最大化作为目标，最大限度地体现与照顾最大多数人利益。政策法规满足大多数人利益的同时，可能会造成一部分人的利益损害。为实现该目标，就要求一定要注意那些因为政策法规的因素而合法利益受到损害的少数人群体或者一些利益集团的利益，采用利益的再分配或者补偿等方式对那些受到损失的合法利益进行合理的补偿，进而体现与照顾最大多数人的利益。

（四）政策法规的效率标准

经济学上所说的经济效率就是投入与产出之间的关系，经济效率强调产出一定要大于投入。政策法规的效率标准即对政策法规所取得的效果与耗费的政策法规资源的数量进行衡量，通常体现为政策法规的投入和政策法规的效果之间的比率与关系。政策法规的效率高低常常反映出政策法规自身的优劣以及政策法规所执行的状况。一般来说，政策法规的效率标准分为三个层次①：即政策法规的成本层次、政策法规的全部成本和总体产出层次以及单项政策法规的投入和产出层次。政策法规在成本层次方面，一定要掌握政策法规的资金来源及支出，物质和信息的调配及使用，决策者和执行者的数量以及时间。在此处，应当重点关注的是政策法规在制定与执行过程中投入了多少资源，投入的资源充足与否，是否能够确保政策法

① 张金马．政策科学导论［M］．北京：中国人民大学出版社，1992.

规可以得到贯彻与实现。从单项政策法规的投入以及产出的层次上，考虑政策法规的效率时应当重点关注怎样能用较少的投入，较好、较快并且高质量地把政策法规的目标实现，即用最小的成本达到与实现最大的政策法规目标。在政策法规的全部成本以及总体产出的层次上，应当注意除直接用在政策法规过程中的资源之外仅用于该项政策法规，而不能用在其他的方面，由此产生的机会成本会有多大；此项政策法规在实施后产生的直接效果之外的象征效果、附加效果以及非预想效果等间接的效果有多大。此种层次的评估重点是政策法规系统和社会整体系统间的关系。在此种层次上，对政策法规进行评估时不仅要对政策法规自身的效益进行考虑，也要对执行政策法规之后所带来的社会效益进行考虑。

（五）公民参与、回应政策法规的程度

因为政策法规主要实现的是大多数人的利益，所以，在政策法规的制定过程中，公民的参与和回应是必不可少的，而公民的参与与回应程度的高低同样是衡量政策法规是否成功的重要标准。政策法规对于社会需求的回应是一国或者政治系统维持自身生存、稳定以及发展的基本功能。通过公民广泛的参与，各种社会问题会不断地输入到政治系统之中，政治系统就会不断地输出种种政策法规来解决出现的各种相应的社会问题，更好地维护与实现公民的利益。所以，一项政策法规不管是关系到全体或者仅是其中的一部分人，只要政策法规对象认为其满足了自身的利益，就会对此种政策法规做出积极的回应。相反，政策法规的回应程度就会很低。这同样是评价政策法规是否成功的一个重要标准。政府制定政策法规的目的是满足社会全体或者部分公民的利益，所以制定的政策法规一定要

为公民所接受。

六、我国政策法规评估的阶段

我国的政策法规评估过程主要有界定评估对象、筛选有用的信息、选择科学的评估方法、进行科学分析而得出评估的结论。严谨、规范且科学的政策法规评估过程会直接与评估的结果收益产生关系。我国政策法规的评估过程可以分成以下几个阶段。

（一）政策法规评估的准备阶段

准备阶段一般指的是财力、人力以及物力的准备，包含以下几个方面工作。①对评估的主体及对象进行界定；②对评估的标准、目的以及范围进行确定；③依据具体问题具体分析的方法论原则来选择出合适的评估方法；④制定出科学的评估实施方案。良好的政策法规评估的准备是成功完成整体评估工作的重要前提。若是准备阶段未设计出评估方案，则整个评估活动会由于没有风向标而造成迷茫。在政策法规评估的准备阶段中，要就评估方案向关联的主体征询意见，增加评估过程中的透明度，防止评估主体进行“暗箱操作”。

（二）政策法规评估的实施阶段

政策法规评估的实施阶段指的是依据方案组织以及实施评估活动的过程。具体指依照所选取的评估方法展开有关的调查，可以采取召开有关部门以及人员参加座谈会等方式听取意见，对法律法规具体实施的情况进行深入地了解，对信息采集以及对信息进行处理。信息是评估实施阶段的原材料，评估信息的数量与质量会直接对评估结果产生影响，因此评估主体要重视收集信息及资料这一环节，保证评估者和实施者以及社会公众等主体间能够进行有效的沟通。政策法规的评估主体对于所收集到的信息做处理，即指从大量杂乱、模糊且随机的关系数据中，发现、提取、分析及加工相关的信息，揭示出隐藏在随机应用数据中与立法成本收益相关隐形信息资源的过程。

（三）政策法规评估的回应阶段

政策法规评估的回应阶段指的是评估主体做出关于法律法规实施效果的综合阐述性和分析性的文件，然后再运用文件的过程。主要分成两个阶段：①依据政策法规所实施的结果制定出评估报告。政策法规的评估报告是政策法规评估主体采用评估方案所确定的评估方法将法律法规所实施的情况做科学、全面且公正的调查研究之后得出的书面性的综合结论。政策法规的评估报告中凝结了整个评估工作的精华，在总结经验及不足的基础上，提出对法律法规进行立、改、废的依据，从而引发对整个立法工作以及政策制定工作的反思，这是评估工作的重要意义。评估报告的内容应当包含四大部分：对于整个评估活动所做的概述；对于政策法规进行的内在评价；评估结论；因为评估工作引发的对于整个立法工作以及政策制定工作的思考。[①] ②政策法规评估的回应。政策法规评估的回应实质是对于评估结论所进行的运用。政策法规进行评估的重要意义并不是评估工作自身，而是可以启动对法律法规进行的修改完善，对于立法工作以及政策制定工作进行总结。评估结论的回应反馈是整个评估工作发挥作用的关键。避免评估的工作流于形式。要把对政策法规

① 董幼鸿．我国地方政府政策评估制度化建设研究［D］．华东师范大学，2008.

的修改完善作为目的，对评估结论进行有效的运用，发现立法过程和政策的制定过程中所存在的种种突出问题，适时地启动政策法规的修改或废止程序，进而能够弥补立法的缺陷和政策制定中存在的不足，促进立法质量全面提高及政策决策的有效性。

第二节　我国政策法规评估实践中的问题

历经多年的探索和实践，我国的政策法规评估工作获得了一定的进展与经验，然而其在总体上仍然是处于初级阶段，并没能形成统一的评估体系及制度，在评估理论、评估主体、评估启动环节以及评估结果的使用等方面仍然存在较大的局限。具体来说，主要体现在以下几个方面。

一、政策法规评估的主体机制不健全

目前来说，从我国进行的政策法规评估的实际情况来看，政策法规评估的主体多数是以官方为主，大多是上级部门对于下级部门展开评估，或者是权力机关对其所制定颁布的政策法规的评估，然而比较缺乏社会组织及公众的广泛参与。

从各地进行立法后评估的实际情形来看，现在有五种操作的模式：①使用人大常委会的名义来组织评估。具体的做法一般是由法制委员会或法制工作委员会来牵头进行组织，吸收其他专门委员会或者政府相关部门等来共同参与，最后产生评估报告并提交至常委会进行审议，作为对被评估法规认定的评估结果。此模式的层次较高，体现出常委会对于此项工作的高度重视，有关单位所参与评估工作的力度较大，公众所参与的范围较广，牵涉的主体较多，社会

影响也较大，需要由多方进行配合的法律及法规作为支撑。上海、北京、云南都采取了此种模式。②用人大专门委员会的名义来组织评估，评估的报告由专门委员会进行通过。此种模式能够把立法后评估和法规的修改或废止进行结合，专门委员会有提案的权利，若是发现法规有需要修改以及废止的，可以提出处理的意见。③由人大常委会的工作机构展开评估，评估的报告一般当作工作机构的参考，如果有需要也会向常委会或专门委员会做报告，由人大常委会或专门的委员会依照评估报告再做出决定。此种模式较灵活，四川就是采取了该种模式。④成立课题组展开评估。课题组的成员用个人或组织的名义加入到课题组中去，用课题组的名义提出评估报告，来供有关部门做参考。此种模式较轻松，适合于带有研究以及探索性质的评估。⑤委托独立机构进行评估。接受委托的一般都是科研机构、中介组织及行业协会等，其做出的评估结论一般都比较客观和中立，若评估工作自身有务虚性质，则该种评估不失为是一种比较好的选择。

从上述五种操作的模式可以看出，政策法规的评估主体的选择存在严重的缺陷。各地对评估主体的选择，其随意性较大，常常是每次评估都不一样；另外，评估主体中的组成人员也是不确定的，有的是人大委员、大学教授，有的则是政府工作部门中的人员。因为评估主体中的组成人员其知识结构以及社会经历等方面存在不同，导致评估结果的侧重点也有一定的差异，而评估的结果也一定不同，主体和组成人员的不确定，会给评估工作带来随意性，对立法后评估工作的公正开展是不利的。

地方人大法制工作委员会对评估工作进行主导有以下的弊端：①由于人大法工委当初在立法的过程中已经掌握大量的立法的信息，

这对立法后评估工作的进行是非常有利的。从此种意义上来说，人大法工委对评估工作进行主导在掌握信息以及熟悉技术等方面存在优越性。然而，从评估工作的公正性以及合理性要求上来看，其评估结果的公正性需要进行商榷。②从现实的角度进行考虑，地方性法规的制定者常常会对自己所制定的法规给予正面的评价，要求制定者对于自己通过的法规展开部分否定性的评价是需要很大动力的，而法规的制定机关很明显难有此种推动动力。强制法规的制定者做出否定性的评价的结论明显是不现实的，从而很难保证评估结果的客观性。③从评估主体自身所处的地位来看，立法机关所主导的立法后评估的内容，可能和社会以及人民群众需要的地方性法规的立法后评估的需求不一致。因此，法规的制定机关主导下的立法后评估可能无法真正的反映客观效果，可能会和社会实际脱节。

政策法规评估的主体机制尚不健全也表现于：本应由内部主体以及外部主体所共同作用的结果，但因为目前的评估主体主要来自于政府部门的自我评估，内部主体考虑到其自身的利益，所以很难会做出公正的评定。而外部评估及社会机构评估，如：司法机关的评估、大众传媒的评估、公民的评估以及营利或者非营利组织的评估、大专院校的专家学者并没有发挥出应有的作用。

二、忽视对政策法规理论层面的评估

上文提到，我国政策法规评估范围主要集中于效率、价值、效果以及需求等方面，从实践当中来看，我国的政策法规评估内容还是倾向于政策产出。很大程度上来说，是在对政府的行为及产出层面上进行评估，这样的政策法规的评估具有局限性，且较为片面，这大大降低了政策法规制定的指导作用和影响力。之所以形成这样的态势，既是我国政策法规评估的实践经验严重不足，也是缺乏对政策法规理论层面的探讨。[①]

政策法规理论的评估分析应是政策法规评估的一个重要组成部分，但评估中的理论分析与政策法规制定时的理论分析并不相同。①时间上不同。一般的政策法规理论分析是在政策法规制定过程中进行的，而作为政策法规评估一部分的政策法规理论分析应该在政策法规执行后进行。②目的上不同。政策法规执行前进行理论分析是为了进行方案选择和决策制定，而政策法规评估中的理论分析是为了评价该政策法规理论的科学性、适用性和可行性，即当初作为方案选择依据的政策法规理论本身是否合理。[②] 人们无法准确预知事物的变化和发展，也难以将各种影响因素考虑周全，执行后结合政策法规效果和产生的影响重新审视政策思想，易于对政策法规理论进行相对全面的评判。当然评价政策法规理论适当与否应该考虑在当时的环境下作出这样的选择是否合理，因此对政策法规的评估主要是考查政策法规制定时是否使用了恰当的理论依据，是否忽略了一些本该考虑到的因素等。然而，在分析政策法规成败的原因时，则应结合最新的理论发展，不应局限于当初的视野和高度，考查政策理论是否恰当、有效，以便完善政策、提高立法与决策水平。政策法规评估时首先进行理论分析有助于明确政策设想与目标，同时可以为后面的效果评估等指明方向。

三、政策法规评估启动环节存在不足

我国的政策法规评估规范化制度还没有形成，政策法规评估活

① 王雪梅．政策评估模式的选择标准与现存问题述评［J］．科学学研究，2008（5）．

② 陈振明．公共政策学——政策分析的理论、方法和技术［M］．北京：中国人民大学出版社，2004．

动的启动环节会存在诸多的不足，反映到实践中即表现成各地评估的质量相差很大，主要问题表现在以下几个方面。

（一）政策法规评估启动较随意

在实践的过程中，政策法规评估活动的必要性在一些地方并未被充分地体现出来，只是迎合工作的需要，临时的提出、决策然后突击行动，此种“临时抱佛脚”的评估存在许多的弊病，表面上是对立法资源的浪费，虽然这是可以挽回的，但民众对法律权威信任的丧失却是难以挽回的。法律法规并非先天就具有神圣以及权威的性质，需经过一段时间的稳定才会得到广大民众的认同，才会得到大众的信任。若任意启动政策法规评估，会对目前我国还处于薄弱期的民众法律信仰产生动摇，也对我国的法治进程极其不利。[①]

（二）政策法规评估缺乏科学性

在实践中，经常在政策法规评估开始时，其评估的结论已确定了，所以政策法规评估并无科学的态度作为支撑。[②] 此种于评估前对评估的结果就形成结论的做法，一定会对政策法规评估这一项机制产生致命伤害，导致政策法规评估这个新生的事物沦为利益需要的工具，失去评估本来具有的作用。

（三）政策法规评估时机的选择并无定论

选择在何时展开评估，机会的选取是否合适是政策法规评估的

① 李鸿飞．立法后评估制度研究［D］．中国海洋大学，2007.
② 毛新政．立法后评估制度的完善［D］．中国海洋大学，2011.

结果是否真实，是否客观的重要影响因素。非科学地开始政策法规评估可能会造成未来立法决策的失误，导致后续立法以及决策资源的浪费。各地进行政策法规评估的时间相差很大，有的可能在一年内甚至半年时展开评估，有的则两三年甚至更长时间才展开评估。各地对展开评估的时机把握并不科学，这导致评估的负面效应。

四、政策法规的评估结果使用不充分

对政策法规本身的评估不是目的，其最根本是对评估结果的使用。但是在现实中，政策法规评估结果并未得到应有的重视以及运用。[①] 首先，大多数的评价结果一般不对外公开，常常是作为内部资料向上级进行报送，公众很难知晓其结果。其次，评估结果使用的随意性大，缺乏制度化的保障。[②] 再次，缺乏相应的配套措施来对评估结果进行具体落实，很难充分发挥出评估结果的功效，影响对政策法规所进行的修改或者废止的后续进行。

之所以造成这样尴尬的局面，主要原因是因为我国的政策法规评估存在制度上的缺失。现在，我国尚未出台全国性的法律法规来规范政策法规评估。尽管部分机构与地区对政策法规评估进行了规定，但这些规定主要是各机构各地区依照本机构本地区的实际情况和评估目标进行规范，所规定的内容不一，差异性也较大，没能在全国范围内形成统一的制度。因为缺乏统一的制度规范，导致各机构以及各地区的评估活动水平不一，评估的质量参差不齐，容易造成地方的评估活动仅流于形式。再者，政策法规

---

① 刘亚琴．我国行政规章立法后评估研究［D］．吉林大学，2015.

② 陈美华．地方立法效果评估制度初探［J］．人民论坛，2010（4）.

评估主体的自我规范的意识不强。作为政策法规评估的主体，很多机构并未正确地认识到政策法规评估机制，还没有意识到政策法规评估的重要性和现实意义，也造成了我国政策法规评估的发展进程比较缓慢。

第五章
建立和完善我国政策法规评估制度

通过对国外政策法规评估历史的研究，可以从中发现，与西方国家相比我国的政策法规评估的理论和实践仍然发展不足，完善政策法规评估制度势在必行。学习借鉴英国、瑞士、日本等国的经验，我们就会发现，我国的此类评估制度建设与国外相距甚远，具有建设的紧迫性与必要性。我们曾对政策法规的基本理论进行了探讨，明确了政策法规评估的效果、目的、功能等，结合成本效益理论与系统理论，对政策法规评估的基本方法与程序进行了分析。从我国立法层面来看，我国政策法规评估制度还存在诸多问题；在实践层面上，政策法规评估虽然已开展多年，但是实践中反映的问题也十分突出。

第一节　建立和完善政策法规评估制度的紧迫性和必要性

政策法规评估制度的构建和完善对推动中国特色社会主义和谐建设具有极其重要的历史意义。一方面，建立和完善政策法规评估制度，能够规范权力行使，重建政府权威，维护社会公正，推动依法治国，为和谐社会的建设提供法律保障。另一方面，建立和完善政策法规评估制度能够助力改革发展，指明改革目标，避免盲目决策，完善社会主义制度建设，为社会主义和谐社会的建设提供政策指引和基本方向。从本质上来说，建立和完善政策法规评估制度是社会发展的必然要求，既与改革开放步入关键时期的客观要求相适应，也与广大人民群众的根本利益与共同愿望相吻合。

一、建立和完善我国政策法规评估制度的紧迫性

我国虽然是单一制国家，有统一的宪法和法律法规制度，但同时又是一个幅员辽阔、地域差距大、多民族差异明显的复合体。为了增强治理的效率和灵活性，中央政府向地方各级政府下放了大量的立法权。省级政府、较大的市、民族自治地区都有权力制定符合地方发展需要的地方性法规、政府规章、自治条例等。地方立法权便是地方政府利益的集中反映和体现。因此，大量的地方性法规的出现也就不足为怪。但与此同时，我国正处在社会变革的关键时期，新旧事物更新的速度加快，政策法规的变更速度也随之加快。在此背景下，建立起一套科学的政策法规评估制度体系也就显得十分必要。

（一）提高政策法规制定质量

随着改革开放的深入发展和依法治国的稳步推进，社会公众对法律法规的内在质量要求也不断提高。立法的科学性和公正性已经逐渐成为社会关注的重点，公众不仅关注“法律面前的平等”，更关注“法律上面的平等”。“法律面前的平等”，是除去立法程序本身，在法律已颁布实施的前提，守法方面的平等。而“法律上面的平等”关注的不仅有守法的平等性，更有立法的科学合理性。立法的科学

合理性是社会及社会公众根本利益的直接反映。在这样的时代背景下，法律制度的评估和完善已经成为立法者必须要面对的历史任务。法律制度的构建并不是立法的结束，而应是立法的开始。社会主义社会发展的关键不在于立法的数量，而在于立法的质量。因此，如果要推动法治社会的建设，就必须要推动科学立法、完善评估制度。

立法质量指立法的内在品质与立法的内在品质满足社会需求的表现[①]。评价立法质量的标准是多样的，一般有合法性标准、有效性标准、可操作性标准等。但是，在具体的操作中，标准并非唯一的，许多相关因素也要考虑：立法人员的素质、立法信息的传播、立法沟通渠道的畅通以及立法技术的科学和立法程序的合理性等。以立法信息传播的全面性为例。法律制度的建立是社会公众共同利益的根本反映，必须要在最大程度上反应社会公众的直接利益诉求。立法信息传播的全面性直接关系到普通社会公众参与立法。如果立法信息传播不够及时和全面，则社会公众的利益诉求很难及时准确地反映到立法过程中，将会直接影响立法的科学性、合理性。因此，评估立法质量必须综合各个指标进行全面评估。以信息渠道是否畅通为例，若立法主体所收集的立法相关信息不完备，则可能直接造成立法决策方向的错误。在此情况下，若又伴随立法后相关的纠偏机制的缺失，最后就会造成立法质量严重低下。[②]

（二）降低政策法规制定成本

立法活动会消耗很多资源，所以必须关注立法过程中的成本收

① 汪全胜．论立法的可操作性评估［J］．山西大学学报（哲学社会科学版），2009(32)：102－108.

② 对于评估立法质量的具体标准，在本书的第三部分已经做出了详尽的解释，在此不做赘述。

益。立法成本的核算，从立法活动的投入与产出的角度来进行衡量。降低立法成本并非一味从绝对数值上降低投入，而是采用一定的机制与手段，使投入与产出的比例达到最大化，用最少的投入取得最大产出。应注意的是，此处“成本”并不局限在资金的投入。真正的立法成本核算，很大部分是无法用金钱进行量化衡量的。立法成本中最重要的也最难用货币量化衡量的是，法律法规颁布实施后对社会的影响。所以，这些方面应在立法成本当中进行考虑。如法律法规的朝令夕改，会导致民众对法的信任危机；立法本身正义与公正的欠缺导致对民众价值观畸形影响等，处理不好该立法成本问题，将导致极为严重的社会后果。如前文所述，立法成本的投入不能局限在绝对成本的降低上，而应考虑投入与产出的比例协调。政策法规评估制度从短期来看，需要一定的资金投入，但从长远来看，可对立法中的瑕疵与偏差进行矫正，并对之后的立法活动做有益的借鉴，也使法律的修改以及废止更科学化、规范化，从而提升民众对法律的信任程度。所以，政策法规评估虽要投入一定的成本，消耗部分立法资源，但实质上却是对立法成本的节约。

（三）改进和完善立法工作

科学合理的政策法规评估机制是测评法律法规存在的问题与实施效果的主要手段。社会进步以及时代发展需要建立政策法规评估机制，利用评估来及时地找出政策法规的不合理，从而有选择地进行修改以及废止机制，使政策法规保持“健康”。

改革开放后，我国法制建设的重点是实施十六字方针“有法可依，有法必依，执法必严，违法必究”。而立法机关工作的重心是解决无法可依的问题。中国特色社会主义法律体系在形成后，立法工作进入一个重要拐点：从数量型立法向质量型立法转变；从粗放型立法向精细化立法转变；从“有法比没法好”、强调立法速度转向攻克立法难题以及深度构建现代法制。总之，开始更加注重精细立法、科学立法、民主立法、质量立法以及民生立法的阶段。我国社会正处于转型时期，法律和立法制度必须与之适应，进行更新，立法任务注定轻松不了。如，随着社会转型与经济社会的快速发展，有些法律规定的滞后性日益凸显，与社会发展的需要明显不符。又如，因过去的立法有一些技术性的因素，有些法律存在前法和后法、上位法和下位法之间相互不尽一致以及无法衔接的问题。再如，一些法律制定时受客观条件限制，规定过于原则且操作性不强，很难用国家强制力来保证实施。所以，已出台的法律需不断地进行完善，而且需适时进行修改。2009 年 6 月至 8 月，全国人大常委会先后通过了有关废止部分法律的决定以及关于修改部分法律的决定，废止了 8 件法律，对 59 件法律的 141 个条文进行了修改。同时，各省级人大常委会也清理、废止以及修改了一些地方性法规。此行为将是常态性存在，用来保证我国法律体系内部不同的法律门类、不同法律规范以及不同层次法律规范之间，结构合理、逻辑严谨以及和谐统一。

长期以来，我国立法机关重视对法律法规的制定，但对法规出台后的实效关注并不够多，除作为各级人大常委会监督工作内容的执法检查外，对法律法规能否实现立法的预期，缺乏更多样化的评价渠道，因此也很难做到足够的了解。在中国，地方立法的主体有几百个，地方性法规与规章的数量也很多，其占法律总数 90% 左右。地方性法规与地方政府规章间“打架”现象十分突出。我国是单一制国家，保障国家的法制统一极其重要。对地方性法规以及地方政府规章做评估，既是提高地方立法质量的有效途径，同样是维护国家法制统一的有效措施。

（四）增强民众法律意识

政策法规经过一段时间实施，民众对其部分条文已形成主观上的评价，政策法规评估定会引起全社会广泛关注，若积极地加以引导，不仅能使评估机构获得更好的修改建议，同时也是一次生动的普法教育。我国目前的立法存在一个重大问题，即社会参与度较低，公众意见的纳入渠道不畅，民主程度也不高，很难形成立法机关与公众参与的良性互动。因此，我们对政策法规评估的认识不应仅停留在立法过程的延续上，应更注意评估所产生的全社会参与以及全民法律意识的提高。这种积极效应，任何机制都不能取代，对我国的法治进程有深远的影响。[①]

综上所述，政策法规评估是我国社会主义法制建设发展到一定阶段的产物。政策法规评估在国际立法实践中已经过了长期的检验，并且也能适应我国现在的法治建设进程的实际，在各地探索性的立法实践中逐步地推广运用将会产生良好的社会效果。

然而，作为一项严肃的立法活动，目前我国尚无规范的制度规定形成长效的机制来保障其实施。为政策法规评估提供制度依据和保障，是建设法治社会的需要。各地的评估活动启动具有随意性，评估主体不确定性，而且评估的内容及评估的标准具有多样性，评估方式及评估程序也缺乏规范性。建立政策法规评估的制度化，对指导我国的政策法规评估探索具有重大意义。[②] 法治发达的国家已建

---

① 汪全胜．立法的合理性评估［J］．上海行政学院学报，2008，9（4）：30－37.

② 童海保．试论构建我国立法效果评估制度［J］．江淮法治，2006（13）：39－39.

立起一系列制度来保障政策法规评估的有序运行，我国要实现政策法规评估规范化，也要建立规范的政策法规评估制度。

二、建立和完善我国政策法规评估制度的必要性

我国的政策法规评估方兴未艾，需制度化的规范与引导。建立独立的立法评估机制，不应局限于对立法质量提高的需要，更应有多维的社会学层面、法学层面以及经济学层面的考虑。

（一）立法学视角

1. 政策法规评估制度的建立可以降低立法的局限性

法律作用的局限，部分源于其不可避免地渗透着立法者的主观因素，部分源于法律内容所具有的保守取向和法律形式固有的僵化因素。从而使立法表现出不同程度的滞后性、主观性以及僵化性。按北大周旺生教授的看法，立法过程分为前立法阶段和立法阶段以及后立法阶段三部分，政策法规评估制度的建立是设置在立法过程最后阶段的“安全阀”。政策法规评估是对进行了一段时间的立法质量的综合评价，科学的评估主体是执法者、立法者以及社会公众等多元主体的有机联合，最大限度地降低了立法过程前两阶段中因单一的立法者主导而造成的立法者的价值取向以及个人情感等主观心理因素在立法中的融入，多元主体趋向的客观评估最大限度地降低法律作用的主观局限。此外，政策法规评估不仅要对现行立法科学检验，也力求发挥先进的立法理念对当前立法的导向作用，表现在评估实践中最终的评估报告，将作为立法进一步修缮调整的依据，制度化的政策法规评估将最大限度地降低立法的滞后与僵化。

2. 政策法规评估制度的建立，顺应了法律发展的特性

有关法律的本质，国内学术界有两种完全不同的划分：一种是法律本质的虚无观；另一种是法律本质的存在观。先不论虚无的法律本质观，对于存在的法律本质观，又有“利益关系调整论”“市民社会论”“意志论”以及“综合和发展论”等学说。剖析各学说，作者发现，众学说虽各有不同，但却显示出立法有动态以及发展的特性。如我国长期使用的“意志论”，它奉行法律是统治阶级意志的体现，依据马克思主义的哲学观，意志是上层建筑的范畴，有不断发展的特性，所以会随统治阶级的发展而发展。也如“利益关系调整论”，利益关系是物质基础的范畴，同时也有不断发展的特点。即使说法具有相对稳定的特征，但从长远来看，科学的立法应不断发展，立法工作也不能一劳永逸。政策法规评估制度的建立顺应了法律发展的需要。政策法规评估在对实施一定时期后的立法综合评价，提出立法的进一步修改以及完善的依据，进一步调和法律的稳定与发展间的关系，实现法律的科学发展。

3. 建立政策法规评估制度是贯彻立法原则的体现

国内立法的基本原则在性质与内容上可分为多种，其中科学原则、民主原则以及法治原则是立法原则的重要纲领。政策法规评估制度的建立将以其多元的评估主体、综合评价的科学标准等在后立法阶段进行深化、贯彻民主立法、科学立法的基本原则。另外，地方立法中的试验性立法，其探索性以及创新性的立法品格也迫切地需要政策法规评估。

（二）法社会学视角

1. 和谐社会的构建需政策法规评估

在社会学视野中，和谐社会在理论层面的表达是良性运行以及协调发展的社会，而实践层面的构建则需从人际关系以及资源配置等多方面去研究具体的条件与机制。政策法规评估是实现社会主义和谐社会构建的重要机制。具体来讲有两个方面。

（1）多元化的评估主体与亲民性的评估方式会对和谐社会中人际关系的和谐做出有力的推动。立法是向社会输入调整人们行为规范的活动，从权力（利）来看，它不自觉地驱使公权以及私权关系的紧张。而政策法规评估因为其评估主体是执法者、立法者以及社会公众等多元主体的有机联合，它是公权与私权享有者的协作，是公权与私权的融合，是后立法阶段协调公权与私权的枢纽。政策法规评估由此产生的柔性会弱化立法制定阶段公权与私权的紧张关系。再加上政策法规评估中公众问卷调查、座谈会调查等亲民性的评价方式，也会推动诸权享有者之间关系的和谐。

（2）提高立法质量、优化立法资源的评估，目的是力求实现和谐社会中立法资源配置的和谐。政策法规评估制度从西方开始，其产生便是源于人们对立法资源的节约以及提高立法质量的要求。我国政策法规评估的兴起与发展也根源于政策法规评估提高立法质量以及优化立法资源的评估目的。评估活动最后得出的评估报告将作为立法进一步修改或废止的依据，同时也是立法资源的进一步整合以及优化的依据。所以，和谐社会的构建需要政策法规评估。

2. 科学发展观的实现要求建立政策法规评估制度

树立与落实科学发展观是党的十六届三中全会所提出的重要论

断，它要求立法的科学与理性。转型期的社会发展需构建科学的立法制度平台，立法质量则成为落实立法的科学以及社会发展的科学的重要内容。在我国立法实践特别是在地方立法实践中，重立法数量而轻立法质量是一种通病，立法数量的不断膨胀直接影响了立法质量。该方面表现在一些新法的立项，在选题立项阶段缺乏充分的调研论证，或再由于地方立法部门利益的驱动与影响，使一些新法在立项阶段甚至在产生立法动议时就有不同程度的随意性与局限性。另外，在法的制定阶段会造成一些立法起草的仓促以及对民意倾听不足，或对上位法的照抄照搬，使地方立法在很大程度上丧失应有的适用性、针对性以及可操作性。另一方面是时代的飞速发展需要立法者及时对原有的静态性规范纠偏矫正，立法体系的完善也要求立法者适时地协调法与法之间的衔接和冲突，但轻质量以及重数量的立法观念使立法者过于关注新法的制定，从而忽视了对旧法的整理。在该实践背景下，立法后评估制度的建立是立法层面落实科学发展观的突破口。立法后评估将以实证调查作为基础，为法律的立、改、废提供了第一手资料以及实践依据，使实施后的立法得到了及时的修葺与完善；同时也有利于培养立法者的质量意识，进一步科学地立法，保证立法的科学发展与科学发展观的落实。

（三）法经济学视角

沿用波斯纳法律经济分析的思路，立法是调整社会关系的方式，立法活动可以模拟为是享有立法权的“企业”向社会提供的一种“公共产品”，而此“公共产品”本身就是资源——立法资源，且此资源相对于人的欲望与整个社会的需求而言是稀缺的。在稀缺性的前提下，按波斯纳的经济效益理论，立法资源的优化配置以及立法效益最大化的实现和不断趋近，是享有立法权的这一“企业”在追求效益的经济理性的驱动下不懈追求的“企业目标”。而政策法规评估制度无疑是实现这一目标的重要工具。

（1）从政策法规评估制度的运行来看，通过对实施阶段的立法绩效以及立法质量的综合评价，包括实施一段时间后立法目标的实现情况（立法收益）、实施成本（守法成本、执法成本）和实施中立法产生的副作用等，最终获得一个立法修改完善的方案，即提高立法的质量且优化立法资源配置的方案，实现立法效益的最大化。

（2）与前立法阶段单纯的成本效益分析制度的比较来看，政策法规评估制度的目的是对实施一段时间后的立法做综合且全面的评价，进而为立法的修改完善提供实践依据，可以说建立政策法规评估制度是对已应用的立法资源的再度优化与调整。政策法规评估制度的理念导向功能会对前立法阶段的成本效益分析形成一定的影响，所以，政策法规评估制度相对于成本效益分析制度，有不可替代的制度功能。

（3）从社会实践的需求看，经济社会的飞速发展与立法体系的完善，一些立法规定在实施一定时间后就不再是调整社会关系的最佳准则，实施成本的增加会使立法效益不断下降甚至产生负面的影响。实践中片面地追求数量的泛立法主义，也使地方立法因大量的照抄照搬上位法丧失应有的针对性与适用性，造成立法效益的降低，有的立法甚者侵入非法律调整领域，导致立法资源的巨大浪费。所以，政策法规需要经过社会实践后的评估。

第二节　国外典型的政策法规评估制度借鉴

政策法规评估已在国外有了多年的发展，许多国家都已建立起成熟且完整的评估制度。从现阶段来说，加拿大、美国、英国、荷兰、日本、芬兰以及经合组织等国家或国际组织都已施行了类似于政策法规评估的制度。[①] 从宏观的发展趋势看，政策法规评估正逐渐成为发达国家提高立法科学性的有效措施，并逐渐被发展中国家采用。以下介绍几个有代表性的国家或组织的典型做法，并对其关键构成要素，即评估主体、制度架构以及评估指标，做比较评述，为我国构建评估制度提供借鉴。

一、美国环境政策评估

与我国相比，国外的环境政策评估工作进行的较早，欧美的一些发达国家，早已将环境政策评估纳入立法范畴。[②] 其中，美国的环境政策评估开始较早，体系也更成熟。20 世纪 80 年代后，为提高公共政策效率，美国开始关注公共政策的评估，制定相关的法律法规来评估公共政策，其中便有对环境政策的评估。通过对美国环境政策评估经验的借鉴，可为我国构建政策法规的评估体系提供参考性依据。

(一) 美国环境政策评估的政策法规基础

欧美等发达国家已通过制定相关政策及法律法规对环境政策评估做出明确的要求。美国历届政府通过出台行政命令促进政策评估的开展，除此还以法律的形式做强制评估。

为实现政策的决策科学化目标，1981 年里根总统出台行政命令

---

① 仵琼. 国外立法前评估制度的比较评析［J］. 南都学坛（人文社会科学学报），2015－5，35（3）.

② 罗柳红，张征. 关于环境政策评估的若干思考［J］. 北京林业大学学报（社会科学版），2010（9）：124－126.

12291 号，1993 年克林顿总统出台行政命令 12866 号，2011 年及 2012 年奥巴马总统分别出台行政命令 13563 号及 13610 号，对各部门的政策评估工作做出规定。比如 EPA（美国环境保护署）需按照行政命令的要求对环境政策做评估工作，定期递交政策评估报告、网上公开评估信息及专人负责评估工作等。除总统出台的行政命令对环境政策的评估有规定外，美国还用法律来促进评估工作的进行。《监管知情权法案》要求 OMB（管理和预算办公室）对政策做成本效益分析，其本质是通过对比成本与效益衡量政策效率的一种评估。

（二）美国环境政策评估的组织机构

依行政命令 12291 号及 12866 号相关规定，OMB 负责指导各部门的政策评估工作，主要职责是制定怎样实施评估的导则[①]和监督各部门评估的实施。在 OMB 的指导下，EPA 及其他部门需要定期向 OMB 递交环境政策的影响分析报告（包括政策的成本效益等），OMB 撰写重要政策的年度成本效益分析报告递交至国会。

在 EPA 内部，政策评估的指导工作由 EPA 下设的 OP（政策办公室）的 OPRM（调控政策和管理办公室）与 NCEE（国家环境经济中心）负责，OPRM 做政策分析，确保政策决策的科学性；NCEE 积极研究成本效益量化分析方法。在 OPRM 的指导下，各主管办公室对各自出台的政策进行评估。而在选择具体进行某一政策的评估机构时，除积极发展像 NCEE 的官方评估机构，美国也积极推进非官方评估机构的发展，通过官方及非官方评估机构的合作或者直接委托非官方机构对环境政策进行评估。美国采用多元化的评估机构，

① Office of Management and Budget. Guidelinesto Standardize Measures of Costs and Benefitsand the Format of Accounting Statements [R]. 2000.

不仅发挥非官方机构具有的客观独立特点、具有专业评估人员的优势，弥补了官方评估机构在独立性与专业性上的不足，从而得到客观与专业的评估结果；而且为非官方评估机构的评估结果的采纳提供了渠道，提高了政府采纳非官方评估机构的评估结果的可能性。

（三）美国环境政策评估的实施框架

1. 评估对象——重要政策

做环境政策评估前，应首先确立评估对象。若评估对象过于广泛，无论政策影响的大小，一律做评估，会增加评估成本，甚至导致社会资源浪费；若评估对象太少，被评估的政策过少，则提高政策科学化水平的目的也难以达到。依据美国政府的要求，环境保护署应对重要的环境政策做成本效益评估。重要的政策一般指的是年经济影响在亿美元上的环境政策。①

2. 评估标准——多元化

评估标准指对政策做评估所依照的尺度，是评估工作的基础。环境政策评估尚无权威的评估标准，然而作为公共政策之一，可参考公共政策评估经典理论的评估标准。国内的学者依据公共政策评估理论，普遍从效率、效果以及公平性等角度做评估。② 效果标准主要衡量的是政策预期目标的完成程度；效率标准则衡量政策单位投入带来的产出值，就是政策效益和成本间的比值；公平性标准则衡量的是政策的成本以及效益等在各相关利益群体间的分配。而美国

---

① National Center for Environmental Economics, U. S. EPA. Guidelines for Preparing EconomicAnalysis [R]. 2010.

② 宋国君，金书泰．论环境政策评估的一般模式［J］．环境污染与防治，2011，33（5）：100－106.

做环境政策评估时，除对效果、效率以及公平性进行考虑外，同时也关注政策对创新的影响，以及公众环保意识的影响等方面。依据NCEE《准备经济分析导则》中的规定，主要从效率、效果、环保意识变化、公平性以及诱导创新作用等多个标准对环境政策进行评估。

3. 评估方法——成本效益分析

环境政策评估方法有环境经济评估方法、社会调查评估方法、对比分析法、预测分析法、层次分析法、统计分析法以及综合评估方法等定性定量结合的评估方法。在评估方法中，成本效益分析是西方所广泛采用的环境经济评估方法，同样也是美国在做环境政策评估中最主要的方法。

成本效益分析一般对政策实施以来历年所产生的成本与效益进行估测，把其依据一定的贴现率贴现到期，再把贴现后的成本效益做对比，计算成本效益比或净效益。成本效益分析能直观地鉴别政策的净效益或成本效益比的大小，合理运用其方法，可以为政策决策提供重要的参考。

二、欧盟立法评估制度

（一）欧盟立法评估制度的主要目标

2005 年欧盟委员会、欧盟理事会以及欧洲议会在共同制定的“影响评估指南”（Impact Assessment Guidelines）中，共同确定了包括促进决策的公开性、提高立法草案质量以及减少立法成本在内的多个具体评估目标。① 2003 年 12 月 6 日欧盟所采纳的“关于更好的

① European Commission，IMPACT ASSESSMENT GUIDELINE，15 January 2009：92.

立法机构间协议”中做出一系列的承诺来提高立法的质量。从两份基本文件的文字来看，欧盟立法评估制度秉持着一个基本目标，即通过提高立法草案的透明度与融贯性，各方面进行充分的交流沟通后，更好地提高立法质量。在此过程中，立法者和利益相关者间博弈的结果是一种新的更加有效率的立法文化的形成。

（二）欧盟立法评估的评估主体

欧盟是一个超国家性的高度区域一体化的组织，组织结构是多元化的治理模式，在《欧共体条约》的授权内，欧盟理事会（European Council）、欧盟委员会（European Commission）以及欧洲议会（European Parliament）承担着立法权和司法权及执法权等重要职责，并因此在立法评估中扮演着重要的角色。此外，2006 年欧盟委员会对评估指南做调整的过程中，先后成立了内部机构协调小组（ISG，Inter-Service Steering Group）与影响评估委员会（IAB，Impact Assessment Board），用以专门负责立法评估工作的实施。

（三）欧盟立法评估的评估对象

基于既得权力原则，欧盟立法评估的对象是具有法律约束力的法律法规，而没有行政决策以及具有社会影响力的白皮书等政策影响评估内容。具体表现形式有三种：①条例，是欧共同体全体成员国按照法定的程序制定的具有直接的法律约束力的统一规则；②法令，是针对特定成员国所作，所以仅具有个别适用的效力，成员国须遵循条约宗旨把其转化为国内法后，才能适用；③决议，是对某个特定的主体如个人、公司或其他经济体所做的有法律约束力的立法决议。

（四）欧盟立法评估的评估标准

欧盟委员会在2001年的持续发展战略［COM（2001）264 final］中指出，为更好地实现“里斯本战略”目标，提高欧盟监管市场的能力，所有涉及政府与市场的重要立法、条例、规章及指令等议案，都需做经济的、环境的和社会潜在影响的评估，分析其成本与收益或成本有效性。判断监管影响评估的标准是提高社会的净福利。[①] 从中可看出，欧盟的立法评估制度更多是从社会法学派的视角看待一项立法行为，欧盟理事会、欧盟委员会以及欧洲议会三机构分别行使权力，确保提高立法质量，更好地提高社会的净福利，欧盟立法评估制度所坚持的是实效性标准。

（五）欧盟立法评估的关键步骤

《欧盟影响评估指南》在2009年3月15日修订后，其第2章明确规定影响评估程序的关键性步骤：识别问题；确定目标并提出主要的政策选择，形成政策选择清单（a shortlist of potentially valid options for further analysis）；进行经济、社会以及环境影响分析；对不同方案进行比较以及形成书面的立法评估大纲。[②] 随着欧盟立法评估制度的不断完善，近年来，欧盟的立法评估不仅囊括事前评估的因素，也将事后评估纳入范畴内，包括立法案实施前对立法案所能产生各种影响的事前评估与立法实施后法律效果的事后评估。

---

① 席涛，曲哲．欧盟监管影响评估框架的评析［J］．国际经济评论，2006：5－6.

② European Commission，IMPACT ASSESSMENT GUIDELINE，15 January 2009：5－6.

三、日本立法后评估制度

日本立法后评估制度在不同的政府机关可能会有一些不同的操作规范，但基本上大同小异，主要是从总体上对该制度的评估主体、方法、程序及指标等做系统的考察。

（一）日本立法后评估的主体

日本立法后评估的主体有：①内阁及政府各部、地方自治体政府部门。首先日本立法后评估在部门内进行，由各政府部门成立独立的评估机构（有的成立独立的行政评估委员会，有的则成立第三者委员会）对其法律政策做出评估。②行政评价局。设立在总务省的中央行政评价局对每个内阁办公室和政府各部门的法律政策的效率、必要性、效果和公平性及优先顺序做出相应评估，在地方设立的行政评价局分支机构对地方的政策评估做二次评估或者再评估。③独立行政法人评估委员会。设立独立行政法人是“政府按市场规律将一些本应由政府承担的公共事务让位于民间，使民间的机构自负其责的做法”，成立行政法人评估委员会本意是为对独立行政法人的政策实施情况做评估，但其后却成了重要的相对独立的政策评估机构，如日本文部省便吸收独立行政法人评估委员会做出法律政策评估。④政策评价与独立行政机构评估委员会。委员会于2001年1月成立，从全国专家、学者以及名望较高的人中选出5000名作为委员，并由总务大臣认可，担当行政调查以及行政监察方面的工作。[①]

---

① 王林生，张汉林．发达国家规制改革与绩效［M］．上海：上海财经大学出版社，2006：155.

（二）日本立法后评估的对象

从日本立法后评估制度的实际运作来看，其主要将政府行政确定的政策规章作为评估对象。日本现行的行政立法体系有中央行政立法与地方行政立法，中央行政立法的一些形式有：①政令，指内阁经内阁会议制定并由天皇所公布的行为规则；②府、省令，由内阁总理大臣以及各省大臣对其主管的行政事务制定的行为规则；③外局规则，是由外局首长依其他的法律规定所发布的命令；④独立机构的规则，由人事院或会计检察院等独立行政机构依权限所发布的命令；⑤告示、指示及通知。如日本的《行政组织法》第十四条规定："各大臣、各委员会和各厅长官就机关职掌事务，为命令及指示起见，对所属的各机关和职员发布指示及通知；有公告的必要时，发布告示。"[①] 地方行政立法即地方自治立法，是地方公共团体依据其自治权所制定的法规，主要有两种形式：条例与规章。这些政府立法有时是独立的评估对象，如政策评估中涉及政策的政府规章可以作为独立的评估对象；有时则是附带的评估对象，如在评估行政事业中对涉及行政事业政策的政府规章时只进行附带性评估。

（三）日本立法后评估的程序

日本立法后评估经过了三个阶段：准备阶段、实施阶段以及结束阶段。准备阶段的主要任务有：确定评估对象；制定评估方案，详细阐述评估对象，明确评估的目的、意义以及要求，确定评估标准，说明评估的地点、时间、工作进度以及评估经费的筹措与使用

① 曾繁正，等．西方主要国家行政法行政诉讼法［M］．北京：红旗出版社，1998：68－70.

等问题；挑选和培训评估人员等。实施阶段的任务是：通过各种调查手段进行全面的收集法案实施中的各种信息，综合分析各种信息并做出评估结论等。结束阶段的主要任务则是处理评估结果，撰写评估报告。以日本文部省的立法后评估为考察对象，概括出一般的评估程序：①确定评估主体。文部省确定独立行政评估委员会是唯一被推荐的评估委员会机构。②培训评估人员。参加评估的主体通过学习，了解及把握评估的任务、意义以及手段等知识。③明确评估措施。由行政评估委员会依据其他评估主体如独立法人评估委员会的评估措施，制定适合某一规章评估的具体措施。④设置评估目的。目的主要是把握规章的效果，明确其必要性、效率性以及有效性等，并把结果反映在以后的规章方案的制定中。⑤设置评估目标。一般是依据规章的立法目的进行设置多重目标，并结合评估目标考察规章的实施状况。⑥通过调查等方式对评估对象的目标完成情况进行考察。⑦评估结果的运用。评估主体对规章评估后，要形成相应的评估报告，在对规章存在的问题进行分析后，得出规章是否应进一步完善或废止的结论。

（四）日本立法后评估的指标

日本东京都政策报道室对政策评价指标的设置要求是：容易了解政策目标，并可以清楚地表明政策实际工作成效的指标。该机构指出，设置此类指标的意义：①结合地方自治体把过去到现在的实际成效数值与未来的目标值做出概况，可以清晰地了解政府某些政策领域的现状与目标；②了解在讨论与评价政府政策时，自治体现有的居民、公务员、议会及新闻工作者所习惯采用的标准；③能依据政策目标的达成度，对政策目标恶化和目标值落后的领域做合理预算，并对政策资源做优化与重点利用；④能使政策目标更清楚，并促进行政管理当局以“预算获得”为导向的管理模式转成以“成果对策”为导向的管理模式；⑤针对不能实现的政策目标，可以清楚地说明不能实现的理由和相关主体所应承担的责任，并提出加强实施的策略。[①] 由于评估的对象、意义以及目的等的不同，不同的评估主体所设计的评估指标也有差别，但都应是基本围绕“法律政策的必要性、效率性、有效性以及实施状况”进行设计。如东京都对福祉、安全以及环境能源和垃圾废品再利用、都市基础设备、产业情报化、居住环境、雇佣劳动和消费生活、社会结构老年化、男女平等与人权、教育学习及国际交流 11 个不同的领域，精心制定出 229 个评估指标；文部科学省设计九大类 45 项指标，对文部科学省的相关规章制度进行了评估。

（五）日本立法后评估的方法

评估方法的采用常与评估对象的目标相联系，如有关公民满意度的调查大多采用的是调查问卷法。在 1999 年 5 月至 6 月，日本青森县从全县居民中抽取 5000 人做调查样本进行民意调查，从政策市场化的观点着手，又对调查结果进行逐个追溯与彻底分析。日本国土交通省对《城市铁道建设应有状态》做评估时，对在三大都市圈与地方中枢都市圈居住的约 7000 人进行调查，了解到人们对经过约 20 年努力所获得的工作成果的评价与对当前服务水平的满意度。[②] 日本青森县采取了部门调查与专家访谈的方法，充分展开民意调查，

---

① 王林生，张汉林．发达国家规制改革与绩效［M］．上海：上海财经大学出版社，2006：155－156.

② 龚深弟．日本实施政策评价工作——“城市铁道建设应有状态”评论概要［J］．现代城市轨道交通，2006（2）.

随后汇总调查结果进行规划与政策制定。事实上，评估方法采用的是多元的方式，2002 年通过的《行政机构实施评估政策有关的法律》（简称《政策评估法》）并无明确规定用什么样的方法，评估主体可依据评估项目采取灵活多样的方法。

第三节　我国政策法规评估制度的构建

政策法规评估是政策法规运行的重要环节，是对政策法规的制定与执行的绩效做综合评定与判断，目的是为促进政策法规运行更加优化，合理配置地方政府的有限资源，提高地方政府对公众的回应性与责任性。为此，我国应加强政策法规评估体系建设，以政策法规评估制度建设做路径，构建与政策法规评估相适合的生态环境，推动政策法规有效运行。

一、完善我国政策法规评估的法律体系

为促进政策法规评估规范化与制度化运行，提高地方政府政策法规评估的规范性，应制定《政策法规评估法》和相关的法律法规体系，以此确定政策法规评估的框架、主要指导思想、评估主体、评估目标和评估权利救济制度等制度。

（一）明确政策法规评估管理机构的职责

开展政策法规评估须有一定机构进行组织协调，集中必要的人力与物力资源推动评估工作，有必要从法律上确定特定的机构承担此责任。此类机构可在监督政府运行的人大机关内，也可放在地方政府行政监察机关内，从法律上确定评估管理机关的权威地位与资格。

（二）确定政策法规评估主体

在地方政策法规评估中秉承评估主体多元化原则，特别是重视公众的广泛参与。评价主体的多元化，不仅要求政府部门自身提供政策评估计划与结果报告，还应要求上级主管部门以及同级人大代表和公众参与评估。除政府专业性机构外，还可发挥民间机构评估的功能。特别是要重视赋予公众参与评估的权利，保证公众参与评估途径畅通。

（三）制定政策法规评估的长远战略规划

长远战略规划有 5 年和 10 年规划，可使部门明确自身使命与制定长远目标，减少部门决策时的急功近利以及忽视长远利益的情况。战略规划比年度计划更加合理，是由于其与部门的根本目的与使命一致。应当强调结果导向，应有远期、中期及近期三方面的综合评估。长期战略规划的评估有利于提高政策评估的合理性与科学性。

（四）明确政策法规评估的程序

程序是保障政策法规评估运行的基本规则，有利于提高评估行为的规范性与科学性，也是提高评估质量和效率的基本保证。因此，在政策法规评估中要设计基本的评估程序，内容主要包括政策评估启动、主体参与、事前调查、论证或听证、评议做出结论几个阶段，同时还可以规定事后继续跟踪以及复评等过程程序。各级行政机关及其工作部门在评估基础上制作评价报告书。详细评估程序的规定有利于对评估行为的监控和督促，为解决政策法规评估中出现的问题提供制度上的保障。

（五）确定政策法规评估对象和评估指标

评估对象是指运行的政策和法规。在明确了评估对象后，确定评估指标体系。指标体系应是全方位的，包括经济指标投入、政策产出（政策产生的社会影响、经济影响等）、所需的投资、确定政策劳动力的政治指标（公众参与度、廉洁指数等）、社会发展的指标（社会资源的调动程度、社会和谐的度等）、文化发展的指标（文化参与度、公共文化的影响度等）等。最后根据这些指标对评估对象进行细致的分析和评估，得出所需的政策法规评估的客观信息。

（六）确定政策法规评估的权利救济制度

评估法中可以设立权利救济制度和程序，落实地方政府政策评估中的救济权。如果地方政府对政策评估的结果不满意或存在疑问，可以通过合法合理的途径进行权利的救济和维护。这样有利于保障地方政府参与政策评估的积极性。

二、确立政策法规评估公民参与制度

评估实质上是权力民主化运行的过程，一定要有民主的制度框架作支撑，否则评估很难真正运行。要从政策评估最基本的依靠力量着手，大力加强公民参与制度建设，建立评估网络，为地方政府的政策评估创造出政治生态环境，从而形成推动地方政府政策评估的原动力，将地方政府政策评估的功能发挥出来，优化地方政府政策的运行过程，提高地方政府的政策评估能力。

（一）建立公民参与的评估模型

纵观学术界，有关公民参与政策法规的评估模型的直接表述很少见，但从公民参与的有效决策模型中可推算出公民参与的评估模型。美国学者约翰·克莱顿·托马斯针对公民参与的有效决策模型的观点：政策的公民可接受性和政策质量是两个核心的变量，与公民参与的关系表现为：如果决策质量要求越高，公民参与决策的限制性会越大，最多只能是一种信息获取的参与；但如果公民对决策的接受性要求越高，公民参与的力度也就会越大。① 公民对政策运行的知晓度越高，公民参与政策评估的度也就越高，这在理论上保证了政策评估的质量，提高了公民政策评估的可信度；若公民对政策运行的知晓度不高，公民的参与度则会下降，会直接造成政策评估的可信度下降。由此，政策评估可信度的重要决定因素是公民知晓度以及公民的参与度，从此角度来理解，要解决地方政府政策法规评估中出现的问题，须加大政策评估网络建设，提高公民的参与力度，满足公民的知情权。

（二）加强公民参与的政治文化建设

在评估文化建设方面，大力营造出有利于促进公民参与的政治文化环境，为公民参与政策法规评估创造良好的政治心理和政治生态。通过对各国参与的政治生态和政治文化的比较可得出，有益于提高公民参与政治的文化氛围有：①公民普遍的平等观念；②公民广泛的自主意识；③公民有强烈的责任感；④法制化的原

① 约翰·克莱顿·托马斯．公共决策中的公民参与：公共管理者的新技能与新策略［M］．北京：中国人民大学出版社，2005：32－48.

则。所以，在营造公民参与政策法规评估时，一定要克服传统政治文化所造成的参与中的冷漠或者急躁情绪，积极培育公民参与需要的适度和理性的心理背景，来为评估制度化建设提供良好的环境。

（三）完善各种参与制度和参与方法

加强公民参与的制度化建设，即在充分尊重宪法和法律赋予公民的政治权利和自由的前提下，对公民参与的方式、内容以及途径做出明确的规定，使其可按照一定的程序来操作，并使用法律的形式将其固定下来，做到有法可依、依法参与，使公民的参与常态化且制度化。公民参与政策法规评估的制度与方法可分为宏观、中观以及微观三个层面，不同层面的制度和方法适用的范围不同，但不论在何种环境中进行评估，都须有机地将三个层面方式与制度相结合，发挥出系统制度的综合功能与整体优势。宏观层面的政策法规评估主要以地方各级人民代表大会、地方政治协商会议以及地方党委等主体参与政策法规评估为主导，发挥出代议制对地方政府政策的宏观监督与评估功能；中观层面则是利益集团与广大的民众借助各渠道与途径参与到地方政府政策评估中，主要的制度有民意调查制度、听证制度、民主协商、信访制度以及通过司法审查制度等制度与方法；微观的方法与途径则主要表现在政府内部的公务人员对行业内与职权范围内出台的政策实施的评估，其评估制度建设是地方政府政策评估的基石，内部的参与政策评估制度建设同样也为其他两种评估参与创造了良好环境。

总而言之，在政策法规评估的制度化建设中，应当把公民参与制度设计放在核心位置，动员各种相关主体来共同参与评估的过程，为政策法规的评估运行创造出良好的外部环境。

三、选择科学合理的政策法规评估方法

评估方法是指评估主体对政策法规进行综合评价时所采用的手段与技巧。对政策法规的评估是技术性很强的工作，其中涉及政策法规的执行情况、立法技术、政策法规实施的制度背景和社会环境等多层面的内容。评估方法的科学性以及合理性将直接影响到评估结果的有效性。

（一）我国各省市有关评估方法的规定

关于评估方法的选择，各地依据辖区内的基本状况和评估目标，设置各具特色的评估方法。如《宁波市政府规章立法后评估办法》中规定行政规章立法后评估的方法有：座谈会、实地考察、专题调研、问卷调查以及专家论证等。《国土资源部规章和规范性文件后评估办法》所规定的评估方法包括：文献研究、问卷调查、实地调研、案例分析、专家咨询、数据分析、现场访谈以及计量经济方法等。《海南省人民政府办公厅关于开展立法成本效益分析工作的实施意见》则指出对省政府规章做立法后评估应使用成本效益的分析方法。

（二）定性分析与定量分析的选择

依据评估指标可否量化标准的不同，把评估方法分成定性分析法与定量分析法。

定性分析法是一种传统的评价方法，主要借助各种逻辑学方法，运用逻辑思维工具对评价对象做本质上的评价。通过演绎和归纳、

比较和分类以及分析和综合等具体的逻辑方法，把评估对象的主要问题化难为易和化繁为简，最终认识其本质，有较强的直观性与通俗性，实施的成本也很低。通过对评估对象做定性分析，有利于从宏观方面对评估对象进行把握，且经过严密的逻辑分析后，评估结果有较强的逻辑性，评估结果的说服力也较强。其缺点是：依据该评估方法得到的结论较抽象且笼统，不易于被精确认知，不能有效地发现更深层次的原因；该评估方法容易受评价主体的主观偏向的影响，评估结果的客观性易受到质疑。

定量分析法是一种理性的评价，它是通过综合的运用运筹学、数学、系统分析、统计学和概率学等科学分析评估对象，可较为直观地反映评估的结果。定量评价法所强调的是利用科学的调查方法取得相关的评估数据，再运用数学模型以及概率统计等技术方法对评估数据做客观与准确的计算或度量，从而获得定量化的评估结果。定量分析最大的优点是具有高度精确性，有利于客观准确地对评估对象做出评价，且评估结果具体可靠。然而此方法也有局限性：①适用的范围有限，定量分析不能脱离定性研究独立存在，且也不适用于难以有效量化的复杂指标；②定量分析法的成本相对的较高，难度也较高。定量分析的前提是把评估对象数据化，这就要用大量客观且真实的评估信息做基础，也需要依据各项具体指标设置科学的分析模型，技术要求高，实施的成本也较大。

各种评估方法都有特点，在评估过程中应当综合运用评估方法，科学合理地对政策法规进行评估。但应注意的是，在评估方法的运用中应避免使用纯技术性的操作，特别是不能只限于技术性的分析，要积极为社会公众的民主参与、顺畅的渠道以及利益的表达提供空间。各项评估方法的使用都应将科学合理和客观真实作为价值目标，同时各有侧重并互为补充。

四、规范政策法规评估程序

评估程序指评估主体按照一定的步骤与方式，对政策法规的质量与实施效果，做跟踪调查与综合评估的过程。评估的程序是评估活动顺利进行的制度保障。评估程序的科学、正当与否，将会对评估结果的质量产生直接影响。在我国，虽然有一些有关评估的程序性规定，但都还比较原则化，且实际的可操作性不强。所以，有必要对政策法规评估的程序进行规范。评估程序大致可分成三阶段：评估准备阶段、评估实施阶段以及评估结果形成阶段。

（一）评估准备阶段

评估准备阶段是为进行评估活动而做的前期准备工作。可细分为以下步骤。

1. 评估对象

选择评估对象时，不仅要考虑社会公众的关注度，也要考虑评估工作将会出现的影响；不仅要考虑到社会现实的需求，也要考虑开展评估工作的现实条件。从具体来看，我国目前立法后评估的对象应当侧重在：①涉及人民群众切身利益，对国家经济、社会发展、生态环境等有较大影响的规章；②社会关注度较高，社会争议较大的规章；③评估时间届满，应当进行评估的行政规章；④司法人员、人大代表议案、政协委员提案或者其他公民、法人、组织建议立法后评估的；⑤上位法对行政规章的调整事项做出新的规定，或者行政规章制定时所依据的社会条件已发生重大转变；⑥规章本身可能存在严重问题或者实施效果不明显，需要加以修订、废除或者修改的。

2. 评估主体

根据前文所述，在我国现阶段应当着重建立以政策法规的制定机关或上级机关为主导的多元化评估主体，并且逐步扩大评估参与者的范围及其参与的程度。其中政策法规的制定机关是立法后评估的评估单位，负责组织、领导对行政规章进行立法后评估。政策法规的实施机关、行政相对人、专家学者、社会公众、第三方评估机构等是行政规章立法后评估的参与主体。

3. 评估启动

启动政策法规评估的时间应该科学合理规划。因为在政策法规实施后不久就做评估，规章的实施绩效及其所存在的问题都还不能显现出来，无法对政策法规实施情况进行较为全面且真实的评估，更加难以达到评估的目的。在实践中，只有部分的地方政府对评估时间做出明确的规定，如《哈尔滨市政府规章立法后评估规定》中规定的时间为一年，《广东省政府规章立法后评估规定》中则规定时间是三年，《宁波市政府规章立法后评估办法》为二年。也有很多的省市仅依据领导决策启动评估活动。所以，有必要在全国范围做出统一的要求，可把政策法规评估的启动时间定成二年至四年，由各个地方依据自身实际情况和评估对象性质等在国家规定期限中自主决定。[①]

4. 评估方案

对政策法规评估，前期的准备工作重点是拟定具体的评估方案，

① 王锡明．地方立法后评估程序研究［J］．人大研究，2011（10）：31.

避免评估活动的盲目性以及随意性，保证评估活动顺利和有效地进行。制定评估方案时，应依据评估目的以及评估对象，有针对性地来规划设计。一般来说，评估方案包括的内容有：立法后评估的目的和要求；评估的对象；评估主体；评估标准和评估方法；评估的场所、时间、工作安排和评估经费的使用等问题。

（二）评估实施阶段

评估程序中最主要的一环是评估实施阶段，其主要任务是依据评估标准，使用各种手段或方法对有关的评估信息做整理和分析的过程。主要有以下两个过程。

1. 评估信息的收集

在政策法规评估的过程中，收集评估的信息应坚持真实性与全面性的原则。真实性指评估所收集的信息应真实且客观，收集信息的手段应与法律的规定相符合。全面性强调收集的评估信息应尽可能地包括各个领域与层面，能全面系统地反映政策法规的实施情况。

2. 信息的综合整理与分析

评估信息的整理与分析，具体方法分成两步：①信息的筛选。评估主体依评估的目的与要求，对收集到的信息与数据做筛选，并经分类加工把信息汇总成有用的信息。②信息的分析。信息的分析即对信息做深加工的过程，要求评估人员综合运用对比分析、系统分析以及成本效益分析等多种分析方法对评估信息做研究，并得出相应的评估结果。所以，信息分析要求评估人员应具备较高的综合素质能力，不仅要了解政策法规设立目的、背景及宗旨，也要掌握实施情况；不仅要有较强的分析能力，也要有较高的语言文字水平；

同时要有基本的法律知识，也要对统计、数学以及经济等方面的学科知识有一定的了解。因此，有必要着重对评估人员加强培训，使其能够胜任评估的工作。

（三）评估结果的形成

在实践中，评估主体一般会做一份评估报告，用以概述整个评估活动，随后详细地分析和评价评估对象质量以及实施绩效，并提出相应的改进意见。评估报告是整个评估活动的最终成果，是评估活动的载体，而且也是政策法规制定机关后续立法活动的重要依据。

五、健全政策法规评估保障制度

政策法规评估除了内部的推动力以外，还需要外部制度的保障力，为此从推行政策法规预评估开始，健全政策法规评估信息公开制度，完善政策法规评估甄别制度和政策法规评估申诉制度，为政策法规评估创造有利的外部政策生态环境，保障政策法规评估工作得以顺利开展。

（一）完善政策法规预评估制度

预评估是政策法规实施前做的一种评估，主要是对政策法规做带有预测性质的评估。它的主要内容是对政策法规的可行性、科学性以及实施可能收到的效果做综合评定。首先是要先分析与研究一项政策法规是否具有科学性，主要表现在政策法规是否符合政策法规所关注问题的特点、性质、关系以及运行的规律。其次是对政策法规运行的可行性做评价，可行性包括经济上、政治上、生态自然环境上、技术上和国际环境上的可行性。再次是对政策法规的可操作性做评定。政策法规是一种理论方案，要实现政策确定的目标，就要把理论方案和实际相结合，把理论运用在实践中，这需要政策法规具有可操作性。最后政策法规预评估是在可行性方案的基础上，测定与估算可能产生的效果。预评估优点是评估结果能直接用来指导政策法规的制定和实施，特别是能及时采取措施，把可能出现的负面效应减至最低程度。政策法规预评估也体现出一种评估过程的变革理念，由以前相对重视政策后评估开始逐步向预评估转变，是一种决策科学化的综合体现。

（二）建立政策法规评估甄别制度

评估对政策法规运行过程做全方位的监督与控制，对提高政策法规的质量与执行效率具有重要的保障作用。然而由于评估需要大量的物力以及人力资源等，文前也分析过政策法规评估存在诸多的困境。所以，并非所有的政策法规都要评估，需要建立一套完善的政策法规评估的甄别制度（对政策评估本身的评估制度）。甄别制度是政府依据政策法规的内容、性质影响和民众的反应等因素决定是否启动评估程序对政策法规做评估的具体制度，是对需要评估的对象的一种选择与筛选，确保政策评估的有效性与针对性。

（三）健全信息公开制度

政府信息公开也称为政府资讯公开或是行政信息公开，指行政机关采用适当的方式将掌握与控制的反映政务活动特点与政务发展变化情况的消息情报和数据资料等公布出来，保障行政相对合法且合理地获取和传播信息的权利。[①] 信息是评估的前提与基础，若无真

① 应松年，陈天本．政府信息公开法律制度研究［J］．国家行政学院学报，2002（4）．

实且详尽的资料，评估便无从谈起，所以，为推动评估工作，一定要拓宽政策法规评估的信息渠道，最大限度地实现决策中心、评估组织与公众之间有效的信息共享，保证评估组织和个人可以获得真实和详尽的信息。同时，应成立相应的公共信息管理机构，制定信息管理办法，建立覆盖全社会的信息网络系统；规范评估信息的采集和加工以及传输，建立起评估信息披露制度，保证政策评估组织可获取真实且详尽的信息。

（四）健全政策法规评估申诉制度

评估申诉制度是指评估对象相关人对评估主体的评估不服，依据相关法律与规章向有监督权的机关提起申诉申请，受理的机关依法对评估行为做审查和调查并提出解决方法的制度。因为受各种主观以及客观因素的影响与制约，评估主体在评估过程中难免会因评估信息不全，而出现评估的偏差。为了保障评估结果的客观、公正地运用，维护评估主体的合法权利，有必要健全评估申诉机制。政策法规评估的申诉制度本质上也是行政机关的内部监督制度，保障评估的客观公正运行，增强社会以及公众对政策法规运行的满意度，同时也是对评估中不当的评估行为的一种行政救济，保障评估机关不会滥用评估权力。

六、完善政策法规评估结果运用机制

从评估实践来看，评估结果的运用是评估程序中很重要的一环，建立和健全评价结果运用的机制，是评估价值的实现以及推动政策效益评估的根本保障。英国政府绩效评估之所以能持久地坚持下去，主要是把绩效评价的结果和评价对象的利益挂钩，增强评价主体与评价客体贯彻执行评价制度的自觉性以及主动性。这为我们完善我国推动政策法规评估结果的运用机制提供了启示。具体来说，可以从以下几方面来完善我国地方政府政策法规评估结果的运用机制。

（一）增强运用政策法规评估结果的意识

开展政策法规评估是一个系统过程，在此过程中既要重视动员各种资源与手段，对政策的制定与执行效果做出客观公正的评估，也要重视评估结果的有效运用，正确地反馈以及运用评估结果，把评估结果的有效运用当作政策评估过程中的重要组成部分，从整体把握评估的过程。所以，当地方政府推进政策法规评估时，增强评估结果反馈以及运用的意识，重视发挥评估结果的功能，真正将评估的价值体现出来，为优化政府政策的制定以及执行提供有效的参考依据。

另外，在评估结果运用中，要畅通公众参与的途径，满足公众对评估结果的知情权。同时，通过公众广泛的参与对政策法规评估的过程以及结果所进行的有效监督，使地方政府更加重视评估结果的运用，从而提高政府政策法规评估质量与效率。

（二）完善政策法规运用的激励制度

在评估结果的管理中，其中一个重要内容是加强以评估结果为导向的激励机制建设，把评估结果和激励机制进行有机结合，从而使评估结果能有效地运用。在地方政府管理中，可依政策法规评估结果，评价制定政策主体以及执行的绩效，有针对性的激励，包括正面强化与负面强化，将政策估价结果和政策主体的精神激励、物质激励、典型强化、工作奖励、危机激励和文化激励等联系，提高政策主体的积极性，发挥政策评估结果运用的激励机制的功能。

（三）完善政策法规评估结果反馈和运用的责任机制

依据评估原理，评估能否真正且有效地发挥作用，关键是看评估结果有没有得到反馈与运用。若政策法规评估结果不能得到反馈以及运用，则无法有效发挥评估对政府绩效提高的功能。完善评估结果反馈和运用责任机制，有利于调动地方政府的积极性以及主动性，推动政策的有效运行。

第六章
实证研究案例

《北京市快递安全管理办法》评估报告

一、研究背景

（一）我国快递业发展现状

1. 发展历程

我国快递起源于中国邮政。1985 年中国邮政成立了中邮速递（EMS），成为国内快递业务的唯一经营者。1993 年，我国最早的民营快递企业“快客达”宣告成立，随后“顺丰”与“申通”先后分别在深圳、上海创建。经过 30 多年的发展，我国快递市场呈现国有企业、外资企业与民营企业三分天下的格局。国有企业主要代表是中邮速递、中铁速递、中外运与中国民航速递等公司。外资企业主要是国际快递四巨头 UPS、FedEx、DHL 与 TNT；民营企业中颇具规模的有顺丰、宅急送、申通、中通、圆通、汇通、韵达（俗称“四通一达”）等。截至 2015 年底，我国快递服务营业网点共有 18.3 万处，其中自有快递营业网点 9.8 万处，合作快递营业网点 8.5 万处。

我国快递市场的竞争格局的形成，有以下几个原因：①巨大的市场需求吸引大量供应者的加入。快递行业作为经济新的增长点，市场规模和需求逐年递增，成为国民经济中不可或缺的产业。大力发展服务业的大政方针，使快递的发展获得了有利的政策支撑。尤其是近年来电子商务的发展，快递业务量大部分来自网购，未来快递的发展将与电子商务融合。②快递行业的进入壁垒相对较低。我国快递行业正处在快速发展阶段，还未形成规模经济，市场回报率高。尤其是同城快递业务，不需要先进的交通工具和复杂的信息监控跟踪技术，对资金、人员、投递网络也没有过高要求。③快递产品的需求差异不大，可替代性强。民营快递企业部分业务与 EMS 业务有重叠之处，存在相互替代的可能。加上低廉的价格，宽松的重量限制，灵活分配机制，使得其在快递领域占有一席之地，从而形成了高度竞争性的市场结构。

2. 市场规模

近几年我国快递业务快速增长，2015 年全年快递业务量完成 206.7 亿件，同比增长 48%；快递业务收入完成 2769.6 亿元，同比增长 35.4%。[①] 如图 6－1。

同城快递业务增速最快。全年同城快递业务量完成 54 亿件，同比增长 52.3%；实现业务收入 400.8 亿元，同比增长 50.7%。

异地快递业务仍占主导地位。全年异地快递业务量完成 148.4 亿件，同比增长 47.1%；实现业务收入 1512.9 亿元，同比增长 33.8%。

国际及港澳台快递业务增速加快。全年国际及港澳台快递业务量完成 4.3 亿件，同比增长 30.3%；实现业务收入 369.6 亿元，同比增长 17%。

---

① 资料来源：《2015 年邮政行业发展统计公报》。

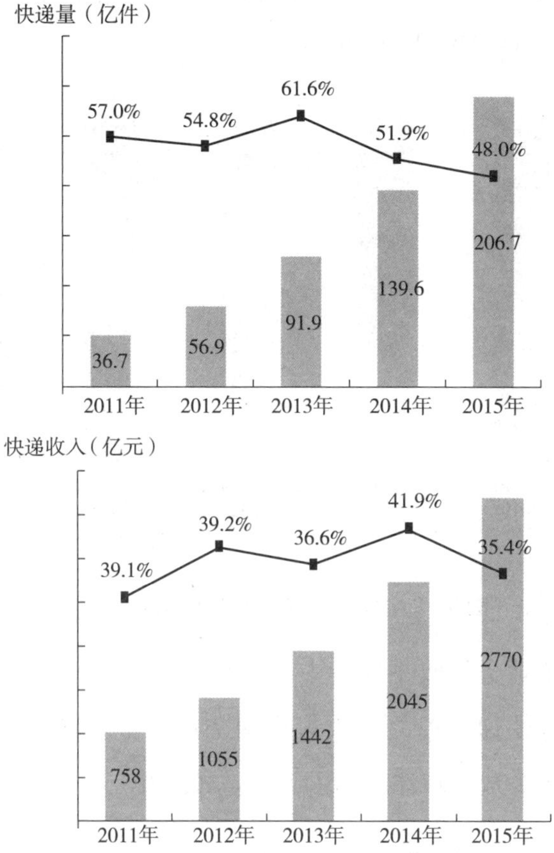

图6－1　2011～2015年全国快递业务发展情况

同城快递业务占比持续提升。同城、异地、国际及港澳台快递业务量占全部比例分别为26.1%、71.8%和2.1%，业务收入占全部比例分别为14.5%、54.6%和13.3%。

东、中、西部地区各项快递业务均保持了较快的增长势头，其中中部地区快递业务量收占比稳步提升。全年东部地区完成快递业务量169.6亿件，同比增长48.1%；实现业务收入2270.9亿元，同比增长34%。中部地区完成快递业务量23.1亿件，同比增长56.1%；实现业务收入283.9亿元，同比增长48.2%。西部地区完成快递业务量 14 亿件，同比增长 35.9%；实现业务收入 214.8 亿元，同比增长 34.7%。[1] 如图 6－2。

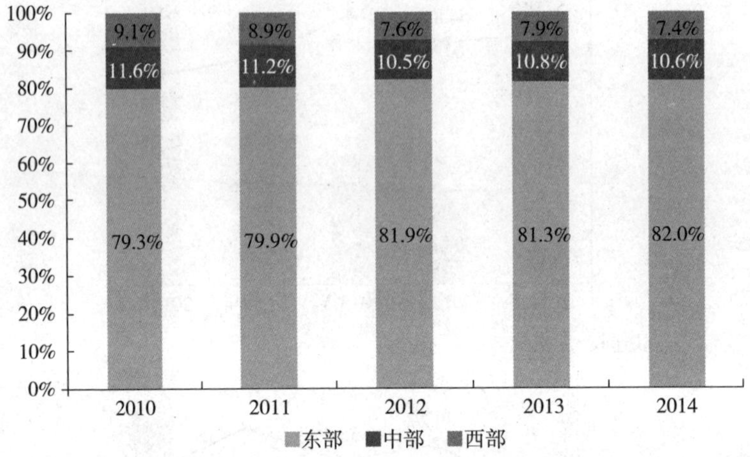

图 6－2　2010～2014 年业务量区域结构

我国快递业务量收主要集中在长三角、珠三角、京津冀三个重点地区，三地快递业务总量收占全国 7 成以上。其中，长三角占 4 成，珠三角占 2 成，京津冀约占 1 成。如图 6－3。

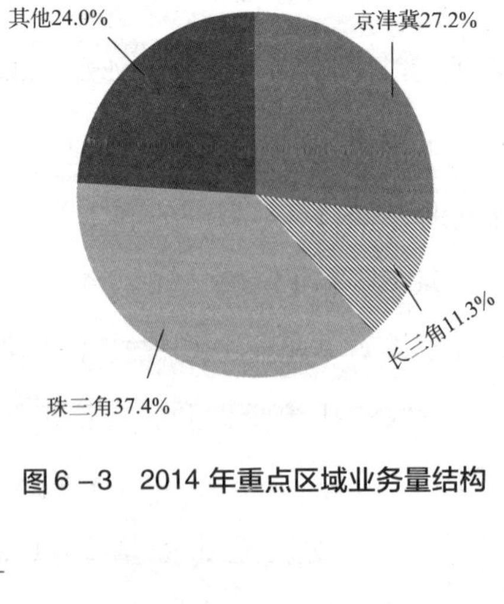

图 6－3　2014 年重点区域业务量结构

① 资料来源：《2014 年快递市场监管报告》。

民营快递企业持续快速发展，市场份额进一步提高。全年国有快递企业业务量完成20.4亿件，实现业务收入303.3亿元；民营快递企业业务量完成184.8亿件，实现业务收入2246亿元；外资快递企业业务量完成1.5亿件，实现业务收入220.3亿元。国有、民营、外资快递企业业务量市场份额分别为9.9%、89.4%和0.7%，业务收入市场份额分别为11%、81.1%和7.9%。

快递业务量排名前十五位的城市依次是广州、上海、北京、深圳、杭州、金华（义乌）、东莞、苏州、南京、成都、武汉、温州、泉州、宁波和台州，其快递业务量合计占全部快递业务量的比重达到61.1%。如图6－4。

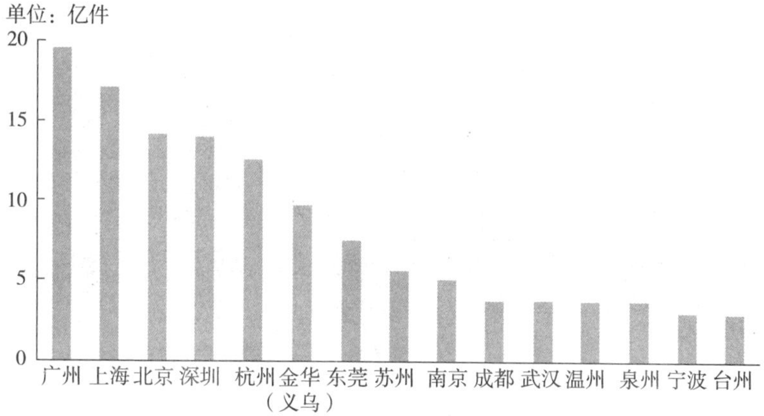

图6－4　2015年快递业务量前15名城市情况

快递业务收入排名前十五位的城市依次是上海、深圳、广州、北京、杭州、苏州、东莞、金华（义乌）、南京、成都、天津、武汉、宁波、郑州、温州，其快递业务收入合计占全部快递业务收入的比重达到63.4%。如图6－5。

同城快递业务发展迅速，市场份额有所提升。国际及港澳台快递业务稳步增长，增速低于行业整体增速，市场份额有所下降。如

图6－6。

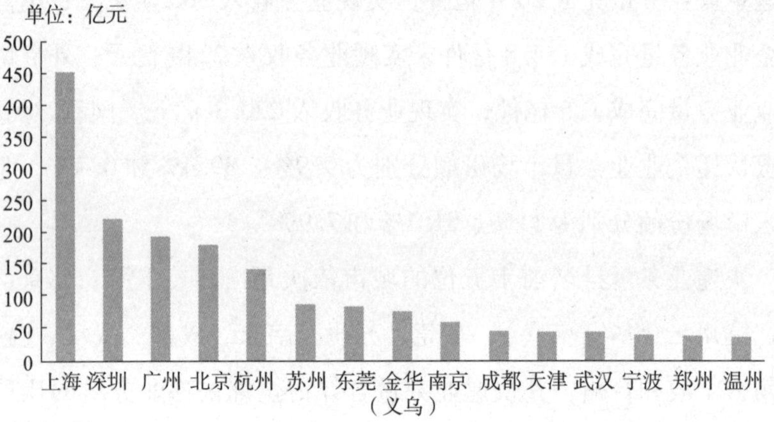

图6－5　2015年快递业务收入前15名城市情况

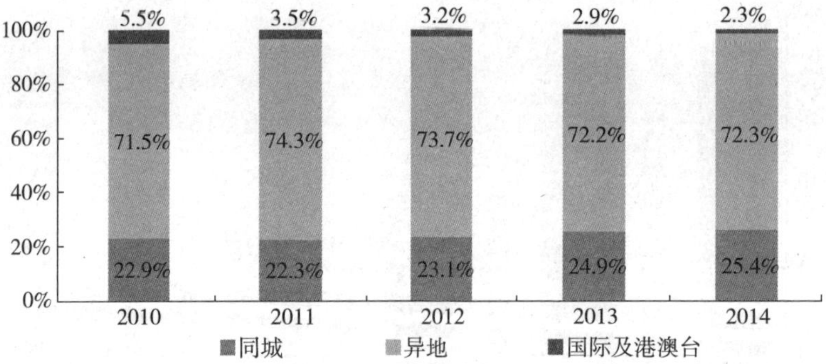

图6－6　2010～2014年份区域的业务量结构

在业务量收方面，我国快递行业集中度均呈现下降的趋势。从业务量收来看，前八家企业业务量和业务收入占全国的比重（CR8）相对稳定，而前四家企业业务量占全国业务量的比重（CR4）从2010年70.3%下降到2014年的49.9%，业务收入从68.5%下降到51%。快递业务量收行业集中度的变化充分说明我国快递市场竞争程度不断提高，特别是位于市场前列的企业间竞争加剧。如图6－7。

全行业拥有快递服务营业网点18.3万处，其中自有快递营业网

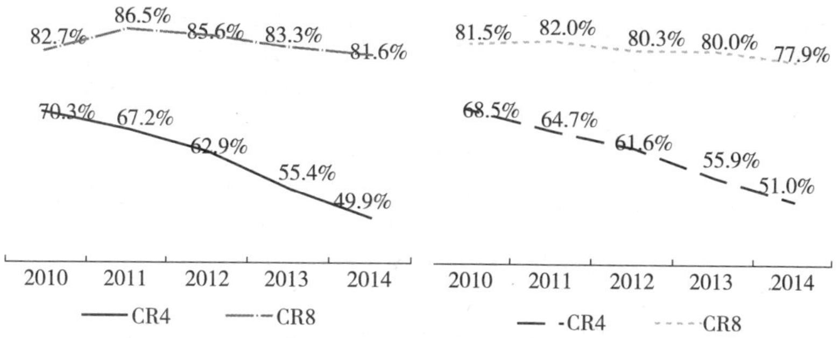

图6－7　2010～2014 年快递品牌集中度变化情况

点 9. 8 万处，合作快递营业网点 8. 5 万处。快递服务企业拥有计算机 41 万台，比上年末增长 14. 8%；手持终端 76. 6 万台，比上年末增长 34. 2%。全行业年人均快递使用量为 15 件，年人均快递支出 201. 5 元。如图 6－8。

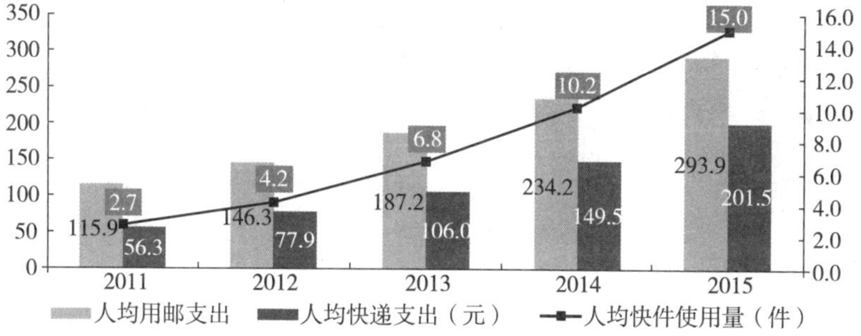

图6－8　2011～2015 年人均用邮支出、快递使用量和快递支出情况

3. 服务质量

从连续 5 年的满意度调查结果看，快递服务满意度逐年提高，快递服务前后端差异进一步缩小，行业整体均衡性向好发展。如图 6－9。

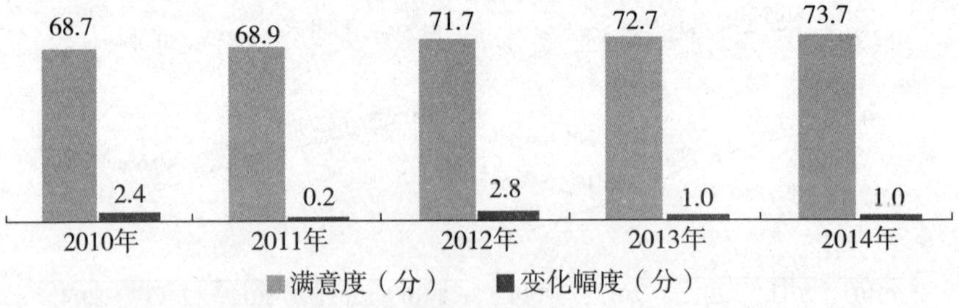

图6－9　2011～2015年我国快递服务满意度得分对比

快递企业总体满意度排名依次为：顺丰、邮政EMS、中通快递、圆通快递、韵达快递、申通快递、宅急送快运、百世汇通、天天快递和优速快递。如图6－10。

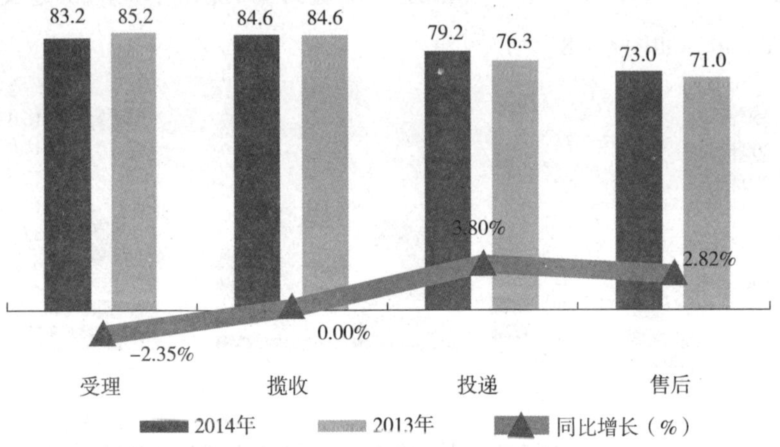

图6－10　2013～2014年快递行业各环节满意度得分

快递企业通过加大投入、强化管理、优化网络、整合运输资源，在业务量快递增长情况下继续保持时限准时率的相对稳定。如图6－11。

快递业在业务量快速增长情况下，有效申诉量增幅明显放缓，大大低于业务量增幅。从申诉类型来看，延误、丢失、损毁和投递服务仍是消费者申诉的突出问题。如表6－1。

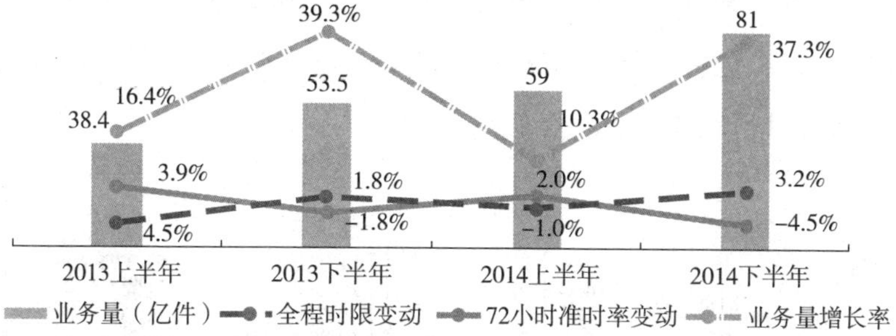

图6－11　2013～2014年我国快递服务全程时限及72小时准时率与业务量变动

表6－1　2013～2014年快递业务有效申诉问题

	投递服务	延误	丢失短少	损毁	收寄服务	违规收费	代收货款	其他	合计
2014年（件）	82188	82988	40679	15551	7969	1781	2075	1466	234697
问题占比例%	35.0	35.4	17.3	6.6	3.4	0.8	0.9	0.6	100
2013（件）	57412	85164	30921	12562	800	1691	2046	450	196046
问题占比例%	29.3	43.4	15.8	6.4	3.0	0.9	1.0	0.2	100
同比增加（件）	24776	－2176	9758	2989	2169	90	29	1016	38651
同比增长%	43.2	－2.6	31.6	23.8	37.4	5.3	1.4	225.8	19.7

（二）北京市快递业发展现状

“十二五”期间，全国快递业的综合实力明显提升，无论是快递业务量还是快递业务收入都保持着高速增长，而首都北京的成绩也是斐然。以2015年数据为例，北京的快递业务量在全国城市中排名第3，快递业务收入也排在全国第4。截至2016年3月1日，北京市共426家快递企业依法持有北京市邮政管理局颁发的《快递业务经营许可证》。

2015年北京市快递业务快速增长。全年快递服务企业业务量累计完成14.14亿件，同比增长27.42%；业务收入累计完成181.65亿元，同比增长23.06%。[1] 如图6－12。

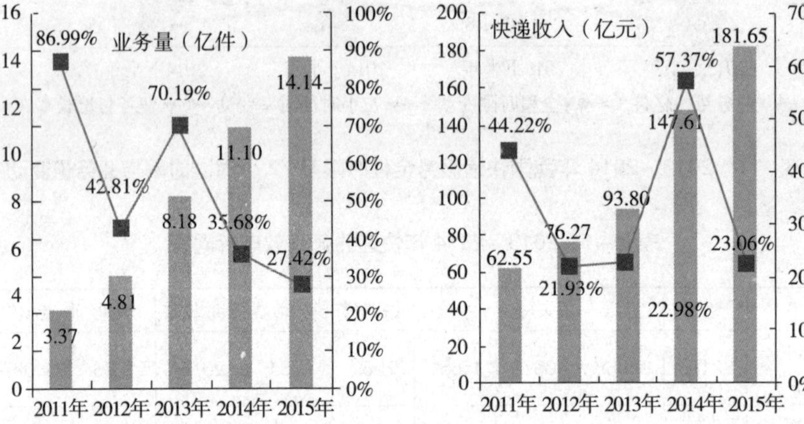

图6－12　2011～2015年北京市快递业务发展情况

快递业务收入在行业中占比继续提升。快递业务收入占邮政行业收入比重达76.56%，较去年提升7.8个百分点。

同城快递业务增势强劲。同城业务量累计完成4.68万件，同比增长37.50%；实现同城业务收入累计完成41.10亿元，同比增长39.53%。

异地快递业务仍占主导地位。全年异地业务量累计完成9.31亿件，同比增长22.87%；实现业务收入91.53亿元，同比增14.49%。如图6－13。

国际及港澳台快递业务稳定增长。全年国际及港澳台快递业务量完成0.16亿件，同比增长28.36%；实现业务收入26.84亿元，同比增长14.11%。如图6－14。

① 资料来源：《2015年北京市邮政行业发展统计公报》。

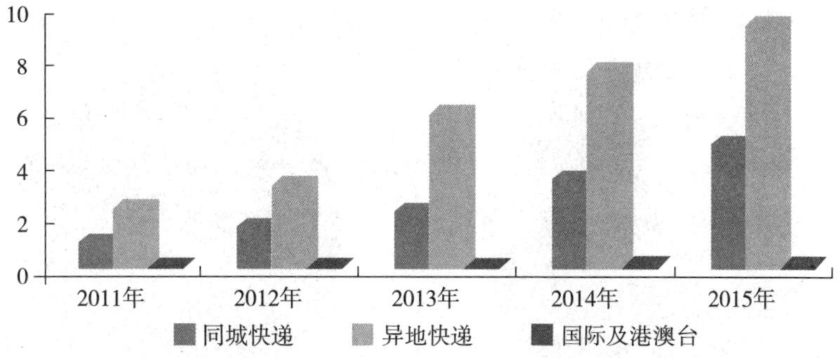

图 6 - 13　2011 ~2015 年北京市分区域快递业务量

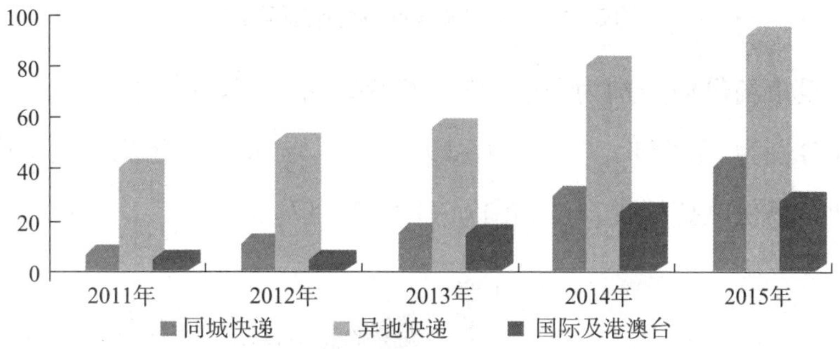

图 6 - 14　2011 ~2015 年北京市分区域快递业务收入

同城快递业务占比上升。同城、异地、国际及港澳台快递业务量分别占全部快递业务量的 33.06%、65.81% 和 1.14%；业务收入分别占全部快递收入的 22.62%、50.39% 和 14.77%。与 2014 年同期相比，同城快递业务收入的比重上升了 2.92 个百分点，异地快递业务收入的比重上升了 3.77 个百分点，国际及港澳台业务快递收入的比重下降了 1.16 个百分点。如图 6 - 15。

民营快递企业持续快速发展。全年国有快递企业业务量完成 2.92 亿件，实现业务收入 24.79 亿元；民营快递企业业务量完成 11.03 亿件，实现业务收入 139.16 亿元；外资快递企业业务量完成 0.20 亿件，实现业务收入 17.70 亿元。国有、民营、外资快递企业

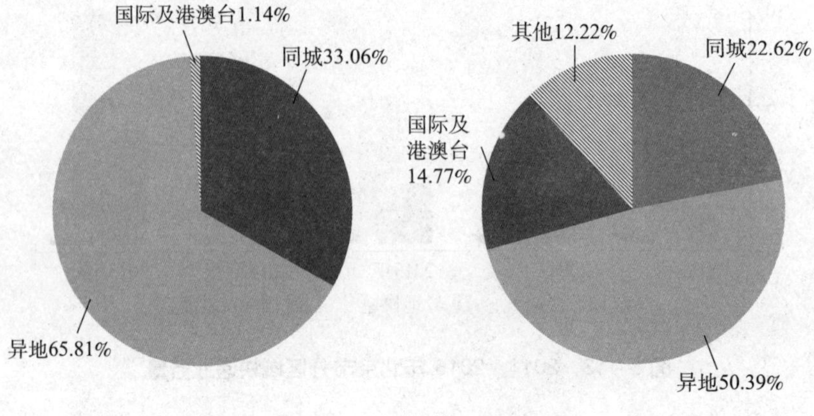

图6－15　北京市快递分区域发展情况

业务量市场份额分别为20.65%、77.96%和1.38%，业务收入市场份额分别为13.65%、76.61%和9.74%，与2014年相比，民营快递企业市场份额持续提升。如图6－16、6－17。

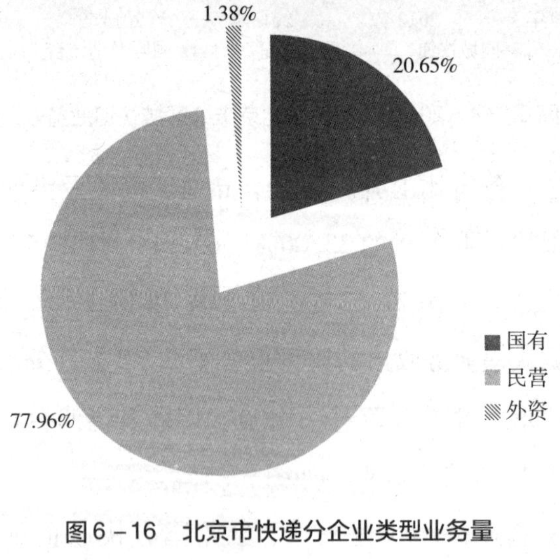

图6－16　北京市快递分企业类型业务量

全行业拥有快递服务营业网点5163处，比上年末增长25.62%。全行业拥有各类汽车8816辆，其中快递服务汽车6714辆。快递服务企业拥有计算机28640台，比上年末增长3.39%；手持终端57312

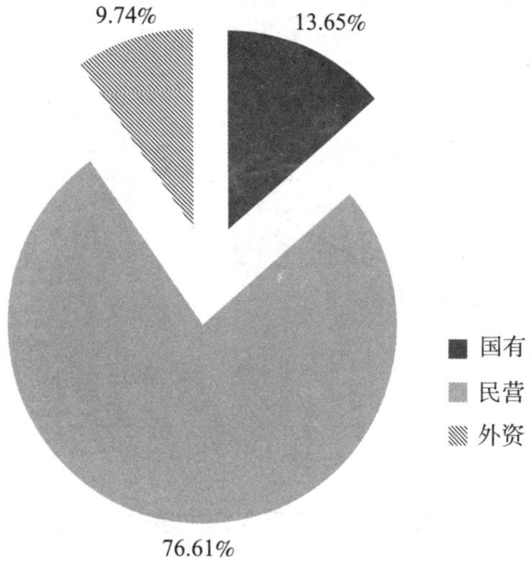

图 6－17 北京市快递分企业类型业务收入

台，比上年末增长 47.73%。如图 6－18。

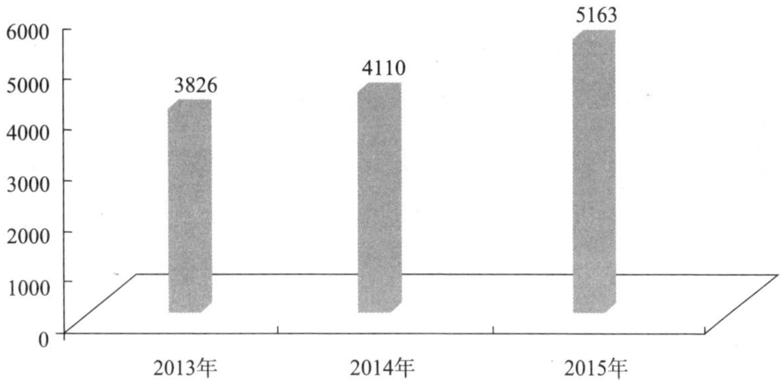

图 6－18 北京市 2013～2015 年快递服务营业网点

全行业平均每一营业网点服务面积为 2.68 平方公里；平均每一营业网点服务人口为 0.35 万人。2015 年人均快递使用量为 65 件；年人均用邮支出为 1093 元，年人均快递支出为 837 元。如图 6－19。

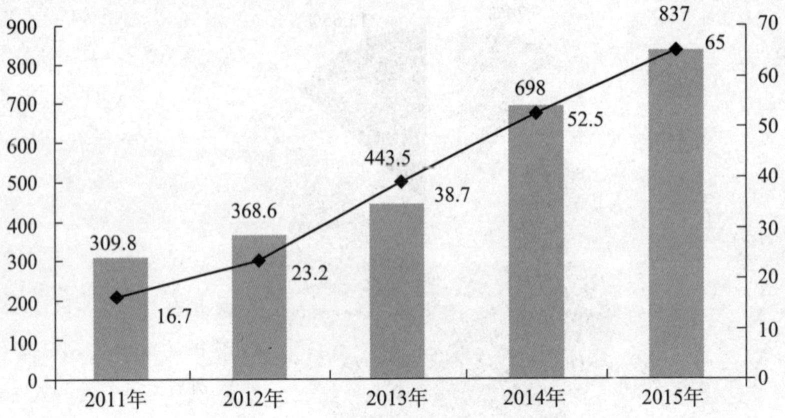

图6－19　北京市2011～2015年人均快递支出和快递使用量情况

（三）我国关于快递业的立法情况

1. 快递行业相关法律规定概览

（1）《中华人民共和国邮政法》是首部对快递行业进行规范的法律。经过数次修改后，修正案于2015年4月24日第十二届全国人民代表大会常务委员会第十四次会议通过并实施。新《邮政法》的第六章对快递业务进行了专门的规定。其中明确规定了快递业务的经营许可制度、设立分支机构或者分立、合并备案制度以及禁止经营的范围等内容。

（2）《快递市场管理办法》是中华人民共和国交通运输部于2012年12月31日经第十次部务会议通过，2013年1月11日予以公布，自2013年3月1日起开始施行的，交通运输部2008年7月12日发布的《快递市场管理办法》（交通运输部令2008第4号）同时废止。该《办法》明确规定了经营主体资格、快递服务要求、禁止寄递的物品、监管主体、监管措施等方面的内容。

（3）《快递业务经营许可管理办法》是中华人民共和国交通运输部于2009年9月1日发布，2009年10月1日正式实施的。并于2013年4月3日经第三次部务会议通过《关于修改〈快递业务经营许可管理办法〉的决定》，2013年4月12日公布，并于公布之日起施行。该《办法》是对《邮政法》的补充与细化，其中明确规定了许可条件、审批程序、许可证管理、监督检查等具体内容。

（4）《邮政行业安全监督管理办法》。2011年1月4日中华人民共和国交通运输部发布了《邮政行业安全监督管理办法》，于2011年2月1日起施行。并于2013年4月3日经第三次部务会议通过《关于修改〈邮政行业安全监督管理办法〉的决定》，于2013年4月12日公布实施。该《办法》主要对快递行业寄递物品的安全、生产过程安全、应急管理制度以及管理部门的监督管理职责等方面进行了规定。

（5）地方性法规。目前已颁布的关于快递行业的地方性法规包括：《广东省快递市场管理办法》《深圳市发展快递业管理规定》《北京市快递安全管理办法》《无锡市快递管理办法》《福建省促进快递行业发展办法》。

（6）其他规范性文件。例如：《快递业务经营许可年度报告规定》《邮政行业管理办法》《快递业务员职业技能鉴定办法（试行）》《寄递服务业务收寄物品安全管理规定（试行）》《寄递物品指导目录及处理办法》等。

2. 快递行业主要法律制度

（1）市场准入制度。市场准入制度是各国进行监管普遍采用的监管手段，能够消除市场缺陷、抑制过度竞争，确保市场安全与秩序。根据《邮政法》和《快递业务经营许可管理办法》的规定，我国快递行业实行许可证制度，也就是说进入快递行业必须经邮政管理部门批准，取得《快递业务经营许可证》，才能进行工商登记，进行快递业务的经营。其中许可条件包括：

符合企业法人条件。

符合资本条件。达到法定注册资本，其中在省、自治区、直辖市范围内经营的，注册资本不低于人民币50万元；跨省自治区、直辖市经营的，注册资本不低于人民币100万元；经营国际快递业务的，注册资本不低于人民币200万元。

符合服务质量管理条件。有与申请经营的地域范围相适应的服务能力，主要包括网络和运递能力、电话查询服务、跟踪查询的信息网络、通过资格认定快递业务员所占的比例等方面；有严格的服务质量管理制度，其中包括服务承诺、服务项目、服务价格、服务地域、赔偿办法、投诉受理办法等和有完备的业务操作规范，包括收寄验视、分拣运输、派送投递、业务查询等制度；有健全的安全保障制度和措施，包括保障寄递安全、快递服务人员和用户人身安全、用户信息安全的制度，符合国家标准的各项安全措施，开办代收货款业务的，应当以自营方式提供代收货款服务，具备完善的风险控制措施和资金结算系统，并明确与委托方和收件人之间的权利、义务以及法律、行政法规规定的其他条件。

另外，《快递业务经营许可管理办法》还规定了职业资格制度。国家虽然不强迫快递从业者参加考试，但快递企业的员工持证者必须达到一定的比例。符合《快递业务员国家职业技能标准》并通过资格认定的快递业务员，经营同城快递业务的，快递业务员中具备初级以上资格的不低于30%；经营省内异地快递业务的，快递业务员中具备初级以上资格的不低于40%；经营跨省、自治区、直辖市快递业务的，企业及其各分支机构快递业务员中，具备初级以上资格的均不低于40%；经营国际快递业务的，企业及其各分支机构快递业务员中，具备初级以上资格的均不低于50%。其中《快递业务员职业技能鉴定办法（试行）》将快递业务员的考核分为“快件收派”与“快件处理”两个模块，将快递业务员国家职业资格分为初级快递业务员、中级快递业务员、高级快递业务员、快递业务师、局级快递业务师五个等级。由国家邮政局人事司负责综合管理和指导全国范围内的快递业务员职业技能鉴定工作。

（2）快递业务经营许可年度报告制度。根据2011年6月9日实施的《快递业务经营许可年度报告制度规定》：凡经邮政管理部门批准并领取《快递业务经营许可证》，在工商行政管理部门依法办理登记手续的企业，均应当向原颁发许可证的邮政管理部门提交快递业务经营许可年度报告。年度报告提交时间为每年3月1日至4月30日，有特殊情况的可以向原发证机关申请延期提交，经批准可以延期30日。当年经邮政管理部门批准并领取许可证的，自下一年起提交年度报告。快递业务经营许可年度报告主要包括企业的一些基本情况，如企业性质、法定代表人、运输工具情况、从业人员情况、股权结构、受到处罚情况等；还有年度经营状况，包括资产情况、经营情况、运营情况等方面。

（3）备案制度。《中华人民共和国邮政法》和《快递业务经营许可管理办法》都有规定：经营快递业务的企业合并、分立或者设立、撤销分支机构的，应当向邮政管理部门备案。

（四）《北京市快递安全管理办法》介绍

《北京市快递安全管理办法》（以下简称《办法》）于2013年11月19日经北京市人民政府第21次常务会议审议通过，自2014年3

月 1 日起施行。该《办法》是全国首个针对快递安全的地方政府规章，以“公共安全”为核心，结合行业特点，构建起快递安全的责任体系、保障体系和监管体系。快递安全责任体系中明确了政府、企业和用户三方责任。政府负有行政监管责任，快递企业负有保障安全的主体责任，用户负有安全使用快递，严格遵守禁限寄规定的责任。快递安全保障体系中细化了许可条件，并从生产场地、服务网点、职业资格、运营车辆、跟踪查询能力等方面，明确了快递企业的服务能力。同时，对收寄验视制度和进京入口安检提出了具体要求。快递安全监管体系强调了部门联动、加强行政监管和快递协会加强行业自律。《办法》还针对规范安全管理制度、快递运单信息安全、快递车辆通行、应急演练、末端投递等事宜做了明确规定。

快递服务发展迅猛，安全工作不容忽视，市邮政管理部门会同法制部门加以立法规范，十分必要。《办法》的颁布实施，是适应首都安全形势的客观需要，是进一步提升首都快递服务水平的客观需要。

《办法》中着力解决的社会关注问题包括：

（1）针对反映的寄递时限以及丢件、损毁等问题，立法中明确快递企业应当按照国家快递服务规范的要求以及承诺的快递期限，提供及时、安全的快递服务，要求快递企业诚信经营，妥善处理用户对服务质量提出的投诉意见，并明确了行政申诉的途径和答复期限。

（2）针对反映的快递运输车辆的问题，规定交管部门应当根据城市交通状况，为快递车辆提供通行便利，并要求社区、高等院校等相关单位应当为快递车辆通行和临时停放、快件派送等提供便利条件。

（3）对快递企业硬件配置的要求问题，立法中充分考虑快递企业的承受能力，对快件处理场所、营业场所的数量限定进行了修改，在安全检查的形式上，确定了验视、机检、巡检、抽检等多种形式。

（4）针对验视戳记和运单集中销毁制度，在立法中，考虑实行验视戳记的目的是加强快递业务员的个人验视责任，实行运单定期销毁制度是为了确保用户信息安全，这两项制度对于快递安全有直接的作用和效果，可能给快递企业带来了一定的负担，但是考虑安全成本，对两项制度给予了保留。

（五）评估的目的与意义

《办法》实施至今已有两年，《办法》的出台与实施对北京市快递市场的规范与管理有一定帮助，但针对《办法》中着力解决的社会关注问题如提供安全寄递的服务以及快递运输车辆行驶等，仍需要更深入的立法后评估考察其贯彻落实的实效性。

对《办法》进行评估，一方面对于政府来说有助于让有关部门人员了解该《办法》实行两年来对快递行业的约束与规范作用，以及不健全的地方，方便下一阶段对该法规进行适当地修改；另一方面，对于快递行业和各企业来说有助于它们规范自身的服务与运作流程，检讨自身企业是否存在违法行为，同时也能使消费者的权益得到更好的保障。

二、《北京市快递安全管理办法》评估的基本情况

（一）评估的内容和标准

1. 评估内容

对《办法》的主要内容、实施效果、存在问题、立法技术等进行调查和评价，全面了解北京市快递行业现状，针对目前快递行业安全管理方面在立法和执法上存在的问题提出完善建议，形成立法

和执法的有效结合与良性互动。

2. 评估标准

(1) 合法性。即《办法》的各项规定是否符合宪法和《中华人民共和国邮政法》等上位法的规定，是否符合国家方针政策，是否符合《中华人民共和国立法法》规定的立法权限、程序和具体规定。在合法性标准评估指标中包括立法主体、立法内容、立法权限、立法程序。①

(2) 合理性。即《办法》的各项规定是否符合公平、公正原则；所规定的措施和手段是否适当、必要，是否体现权利和义务、权力与责任相统一的原则；法律责任的设定是否妥当，是否与违法行为的事实、性质、情节以及社会危害程度相当。在合理性评估中包括以下三个方面的评估：立法作为社会规范选择的合理性；立法权、立法程序、立法内容的合理性；法律绩效的合理性。

(3) 立法技术。立法技术是在立法工作的实践过程中所形成的方法、技巧的总和，是制定和变动规范性法规文件活动中遵循的方法和操作技巧的总称。立法后评估的立法技术评估包括三个方面的内容：法的形式结构的技术评估、法的实质结构的技术评估以及法的语言文字表达技术的评估。

(4) 可操作性。即《办法》的各项措施是否可行、具有可操作性，具体包括：权利性规则、义务性规则、法律程序、法律责任等。权利性规则主要围绕权利的主体范围、权利的范围；义务性规则主要是义务主体的范围以及义务的范围；法律程序的评估主要考察法律程序的正当性，包括程序本身的公正品质、技术理性、社会理性和经济理性等；法律责任主要围绕其是否符合法律规定、与其他法

---

① 汪全胜. 立法后评估研究［M］. 人民出版社，2012.

律规范性文件是否相互协调、法律责任条款是否与法律义务相对应等。如表6－2。

表6－2　评估标准及评估指标

评估标准	评估指标
合法性	立法主体
	立法内容
	立法权限
	立法程序
合理性	立法作为社会规范选择
	立法权、立法程序、立法内容
	法律绩效
立法技术	法的形式结构
	法的实质结构
	法的语言文字表达技术
可操作性	权利性规则
	义务性规则
	法律程序
	法律责任

（二）评估方法和技术手段

为对《办法》的实施情况进行全面了解，在评估过程中，我们对《办法》所涉及的各方主体，包括管理机构，国有、民营、外企以及消费者等不同主体，分别通过书面调研、现场调研以及暗访等方式方法了解《办法》实施情况，并采用问卷分析、数学统计等技术手段进行分析。

三、《北京市快递安全管理办法》整体性评估

（一）《北京市快递安全管理办法》的合法性评估

《北京市快递安全管理办法》（以下简称《办法》）于2013年11

月19日审议通过，自2014年3月1日起施行，《办法》是全国首个针对快递安全的地方政府规章。根据我国《立法法》第72条规定：省、自治区、直辖市的人民代表大会及其常务委员会根据本行政区域的具体情况和实际需要，在不同宪法、法律、行政法规相抵触的前提下，可以制定地方性法规。北京市作为直辖市有权根据本行政区域制定相关的地方性规章。因此《办法》的立法主体是法定的立法主体，主体对立法事项享有立法权。

判断立法内容的合法性是指规范性法律文件关于权利与义务的具体规定与上位法的立法精神和相关原则是否相矛盾。《办法》是针对快递安全的地方政府规章，其上位法是《中华人民共和国邮政法》（以下简称《邮政法》），《邮政法》的第六章有专门关于快递业务的规定，其中也包括了快递安全的相关规定。而《办法》中的规定如快递企业的经营许可资格、收寄验视制度的惩罚制度等都是参照《邮政法》中的相关规定，《办法》的规定与上位法的规定并无冲突与矛盾，立法精神符合上位法的要求，因此其立法内容具有合法性。[①]

立法程序的合法性是指立法程序是否完整，是否符合《立法法》的规定。立法程序是指法律的制定程序，也是赋予法律以合法性的程序，我国《立法法》对于立法程序做了明确的规定。另外，人们的认同是法律合法性的重要来源，人们可以通过参与法案的表决或者参与立法协商等多种途径表达自己的观点。北京市邮政管理局在前期充分调研基础上，会同市法制办完成了《北京市快递安全管理办法（草案）》起草工作，北京市政府法制办公室于2013年2月21日至3月12日通过互联网就《北京市快递安全管理办法》（草案）

① 汪全胜．立法的合法性评估［J］．法学论坛，2008（3）．

向社会公开征求意见。广泛征求了在京中央单位，市有关部门及16个区县政府，快递企业和社会各界意见。征集到的意见主要涉及以下四个方面：①关于快件寄递时限要求，以及快件丢失、损毁的赔偿和投诉问题；②快递运输车辆通行便利问题，尤其是进社区、校园的便利问题；③对快递企业营业场所数量、运营车辆以及安检设备配置等硬件要求问题；④快件收寄验视加盖验视戳记和集中销毁运单的必要性问题。市政府法制办对社会反馈的意见进行了认真研究，着力在立法中解决社会关注的问题。从申请立项到草案审定历时一年多的时间，经过完善最终北京市政府常务会议审议通过了《北京市快递安全管理办法》，该《办法》的立法程序符合规范要求，具有合法性。

（二）《北京市快递安全管理办法》的合理性评估

立法作为社会规范选择的合理性在于综合考察以下方面：立法或法律调整某种社会关系的必要性、可行性以及有效性。必要性是指这种社会关系的调整依其性质决定了它必须依赖于法律或立法这种调整手段，《办法》的制定与出台无论对于邮政监管部门、快递企业或是收寄快递的用户来说都能更有效地规范其在安全方面的行为，对整个快递市场安全运行有巨大的作用。我国现阶段的立法或法律的可行性是以立法或法律自身的内在品性的力量来保障实现的，《办法》以“公共安全”为核心，结合行业特点，构建起快递安全的责任体系、保障体系和监管体系，具有可行性。有效性是指立法或法律调整某种社会关系能够达到立法者或法律制定者的目的或意图，能够实现立法或法律的目标，《办法》实施两年来北京市快递行业在安全方面都有了一定程度的改进，因此具有有效性。

立法权的合理性就如立法权限的合法性，立法主体的立法权、立法职权的范围、立法职权行使的程序以及后果等都是由法律、法规明确规定的。立法程序的合理性也就是立法程序的正当性，只有正当性的立法程序才是被公众认为是合理的。其正当性具体表现在以下方面：程序本身的公正品质；程序的技术理性；程序的社会理性；程序的经济理性。《办法》本身的出发点是为了促进北京市快递市场更加安全有效地运行，其立法程序也遵照了法定程序规定，符合上位法，同时《办法》也为社会制度的整体公正增添力量，考虑到了效率问题，目标是以最低的成本提供最大的效益，规范安全行为的同时也减少了发生事故与意外的成本带来了效益。立法内容的合理性主要表现为合规律性和合利益性。立法不是立法者的主观创造，是立法者在尊重与把握客观规律基础上的对客观规律的揭示与反映。《办法》的立法内容合乎社会关系运行的规律性、合乎人们认识的规律性、人们行为的规律性、合乎权力运行的规律性。立法内容的合利益性是指通过复杂的利益聚集和利益综合的分析过程，来反映各种利益要求和愿望。《办法》的立法对其所涉及的社会主体利益都给予平等的关注，通过正当的方式对不同利益主体利益给予合理安排，不同利益主体利益实现方式有正当性保障。

法律绩效的合理性包括三个方面：法律经济绩效的合理性、法律社会绩效的合理性以及法律绩效的公正性。法律经济绩效的合理性具体表现在法律的成本投入是合理的、法律是有收益的、实现了法律效益的最大化。对立法机关来讲，它制定法律成本不高；而对司法、执法机关来说，目前所配置的执法设施与执法监管人员还需要增加，这样虽然会消耗一定的资源，但是对于快递企业以及快递市场的安全运营是能带来效益的；对守法主体即快递企业来说，也需要更加增加自身的成本来配合《办法》的实施，这样不仅能减少安全事故的发生，还能带来更大的收益实现法律效益的最大化。①

法律的社会绩效是指法律法规实施后对社会稳定、社会秩序所产生的影响。它可以通过以下的指标来测量：①人们按照法律制定的行为模式行为的程度，是否能够按照授权性规范行使权利，按照义务性规范履行义务，是否能够根据法律设定的法律后果追求违法者的法律责任；②普通公民和国家公职人员对法律的了解程度；③社会大众对社会生活中安全、秩序、自由、公正、福利等法的价值的切身感受；④法律的社会功能和社会目的是否有效实现及其程度。《办法》实施两年时间以来，该方面的绩效并不十分突出，表现为公民对《办法》了解不多，而对于其中某些条例如收寄环节中必须开箱验视等规定，快递企业并未严格实施，但总体上来讲《办法》还是为快递市场的安全运行提供了规范作用。

法律绩效的公平性是指法律法规实施后所导致的与该法律法规有关的社会资源、利益及成本公平分配的程度，只有当法律法规既能实现了整体的经济效率和社会效益，又体现了公平合理，法律法规才算取得了良好的绩效。《办法》中的某些规定虽然要求快递企业增加成本来改善其硬件和软件设施，但考虑到快递企业本来的巨额收益以及诸多不规范的行为，该种规定能减少安全事故的发生，总体上能带来效益，因此《办法》可以算取得了良好的绩效。

① 汪全胜．立法的合理性评估［J］．上海行政学院学报，2009（7）．

(三)《北京市快递安全管理办法》的立法技术评估

立法技术评估包括三个方面的内容：法的形式结构的技术评估、法的实质结构的技术评估以及法的语言文字表达技术的评估。法的形式结构的技术评估包括法的名称；法律、法规的制定机关和通过、公布与施行日期；法律目录；法律正文；法的附录。[①]《办法》的名称符合国务院制定《规章制定条例》第六条的规定，在法规中也有明确说明《办法》的通过日期与施行日期，而由于《办法》条文数量较少，不必要设置法律目录，在正文部分也并没有分章节，直接设条，没有设附录的必要。

法的实质结构包括立法目的、适用范围、法的原则、法律概念的解释、法律规则、解释机关、施行日期以及废止条款等。《办法》第一条已经说明为规范快递经营行为，保障快件寄递安全、信息安全、公共安全，促进本市快递行业健康发展，根据《中华人民共和国邮政法》以及其他法律、法规，结合本市实际，制定本办法。《办法》第二条说明了本市行政区域内快递活动的安全管理，适用本办法。《办法》第三条说明了本法原则是快递安全管理按照预防为主、规范经营的原则，建立企业负责、行业自律、政府监管、社会监督的机制。《办法》中概念的解释较少，在规定规则中包括的适用条件、行为模式与法律后果符合法律规定。《办法》最后一条也明确规定了本办法自2014年3月1日起施行。

法的语言文字表达技术的评估包括句子使用、字词使用、标点符号使用、语气语态使用以及其他诸如此类的问题的技术。《办法》文本风格准确、简洁、严谨，法律词语的选择也比较明确，法律语

---

① 汪全胜．立法技术评估的探讨［J］，西南民族大学学报，2009（5）．

句也遵循上述立法语言文字风格的基本要求，语句简短，句型恰当。

（四）《北京市快递安全管理办法》的可操作性评估

立法可操作性评估包括权利性规则、义务性规则、法律程序以及法律责任[①]。权利性规则是指人们可以作为、不作为或要求别人作为、不作为的规则。根据我国立法体制，在下位法主体行使“执行性立法”权限时，评估要注意两个方面：①不得变更上位法权利主体的范围；②不得变更上位法确定的权利的范围。《办法》所规定的权利性规则符合上位法权利主体和权利的范围。

义务性规则是直接要求人们必须做出或不得做出一定社会行为的法律规则。《办法》中有大量关于义务性规则的术语如“应当”等，尽管某些具体条例如收寄验视应当当场开拆包装验视内件、运输快件的车辆应当符合本市道路交通运输和货物运输的技术规范和要求等还未很彻底地实施，但其也还具有改进的空间，具有可操作性。

法律程序是指人们进行法律行为所必须遵循或履行的法定的时间与空间上的步骤和方式，法律程序的评估主要考察法律程序的正当性，包括程序本身的公正品质、程序的技术理性、程序的社会理性、程序的经济理性。《办法》大部分规则都符合上述法律程序的正当性，但也有某些法规在经济埋性中还能有效率提升的空间，如收寄验视所造成的时间成本及派件效率的影响，以及快递运输车辆行驶时速和续航能力的改进对快递企业所造成的巨额成本等问题。

法律责任是指人们由于违法行为而应承担的法律后果，评估主

---

① 汪全胜．论立法的可操作性评估［J］．山西大学学报，2009（7）．

要围绕法律责任的设定的依据是否符合法律规定；部门法的法律责任的设定是否与其他法律规范性文件相互协调；法律责任条款是否与法律义务相对应。《办法》中对大部分违法行为做出了明确的处罚规定，而某些违法行为处罚则是参考上位法《邮政法》的规定，总体上法律责任的规定科学合理，具有可实现的程度。

四、《北京市快递安全管理办法》实施绩效评估

（一）政策宣传贯彻情况

1. 宣传情况

在《办法》正式施行之前，北京市邮政管理局在2014年2月26日组织召开了《办法》宣贯会，市政府法制办、国家邮政局、市公安局、市国家安全局、市工商局、北京海关、北京市快递协会等单位的领导、各快递企业负责人及10家新闻媒体单位参加了此次宣贯会。会上，相关领导就《办法》的实施做了讲解发言，同时也提出了宣贯的工作要求，指出协会要配合市邮政管理局等部门制定标准，充分发挥行业自律、行业协调作用，为快递企业搭建信息交流平台。[①]

宣贯的方式手段主要是从“三个把握、三个加强、三个结合”入手。把握首都特殊定位、把握《办法》的重点内容和核心要点；加强宣贯的组织领导、广泛宣传和解读培训；结合首都生态文明和城乡环境建设、结合行业日常监督管理、结合企业自身规范推进《办法》实施。

---

① 资料来源：北京局召开《北京市快递安全管理办法》宣贯动员会，北京市邮政管理局，http：//bj. spb. gov. cn/tpxw_ 14756/201402/t20140228_ 285652. html，2014 年2 月28 日。

《办法》自2014年3月1日开始正式施行，当天即有大量媒体通过报纸、网络等方式进行报道，告知群众《办法》中的几个亮点如细化条件、安全防范、用户权益、从业素质、规范管理等，特别是对于收寄环节需要进行当场验视规定的宣传。

随后，在2014年北京市邮政管理局召开的年中工作会议上也明确了要以深入贯彻落实《办法》为抓手，完善与公安、安全等部门的配合协作机制，加强联合执法检查力度，健全行业安全监管体系，综合运用行政许可与监管执法两大管理手段，督促、鼓励、支持、引导企业规范经营，促进快递市场良性竞争，严把市场准入关，保障首都寄递渠道安全，促进快递服务转型升级。积极推进快递进校园、快递下乡、快递进社区，联合市教委推广快递进校园的成功试点经验，引导企业推广便民智能快递箱在社区投入使用。推动邮政和交通融合发展，做好快递三轮车综合治理工作，促进行业发展提质增效。①

总体来说，《办法》在颁布的第一年间宣传较多，但后续宣传不足，而其中某些重要的条例如必须进行开箱验视才允许收寄等规定对于快递企业是宣传到位的，但是对于消费者用户来说认知程度还有限，需要进一步加强宣传。

2. 贯彻情况

2015年初，针对当时全国范围内发生了“毒快件”等安全事故频发的严峻形势，为认真贯彻落实国家邮政局安全工作要求，切实加强全市邮政行业安全监管，保障首都寄递渠道安全畅通，北京市邮政管理局紧急通令各快递企业进行安全自查，并且印发文件强调

① 北京局组织召开2014年一季度快递企业安全服务质量通报会．北京市邮政管理局，http：//bj. spb. gov. cn/dtxx_ 14758/201404/t20140425_ 312410. html，2014－4－5.

加强寄递渠道安全，联合市公安局、市国家安全局组织开展邮政行业安全专项执法检查，检查、督促、指导全市快递企业保证渠道安全工作。联合检查组先后对顺丰、圆通、申通、汇通、优速、全峰、韵达、宅急送等规模以上快递企业的分拨中心进行了督导检查，重点查看了各快递企业监控、消防、安检等安防设施设备的配置与使用情况，询问并实地检查了企业内部安全防范、信息安全管理、员工安全培训以及收寄验视、快件安检等制度的执行落实情况。针对检查中发现的安全隐患，现场督促相关企业立即进行整改。

在重大活动时期，北京市邮政管理局与市公安局治安总队进行调研座谈，双方就进一步强化首都寄递安全工作机制建设，推动收寄验视、实名寄递、过机安检“三个100%”制度落实，加强北京市邮政业信息化建设、从业人员管理等工作进行了充分交流。双方达成三点共识：①加强部门协作机制，落实安全制度，开展联合检查，督促企业严格落实“三个100%”制度，保障全市寄递渠道安全畅通。②推进寄递安全管理信息化建设，发挥部门合力，探索研究行业大数据分析，强化寄递安全工作信息化支撑。③加强从业人员管理，规范人员档案管理，加强安全背景审查，推动开展相关工作试点，加快完善从业人员信用管理体系。

在乡镇地区，北京市邮政管理局为了贯彻落实“快递下乡”等政策，曾前往密云、怀柔等地进行实地调研。调研组深入到当地的两家快递企业，详细了解两家企业的业务范围、业务量、服务人群、车辆配置等基本情况，最终提出了要探索搭建企业间共同配送体系，降低物流成本，打通快件运输干线通道，解决快递下乡“最后一公里”问题。

在校园区域，在北京市邮政管理局的协调下，北京部分高校已就快递进校园进行了有益尝试，如北师大建立快件收发室，人大启用智能快件箱，清华开辟了快递超市，传媒大学开进巴士流动服务车、北京物资学院成立“物友递”收发站等。这些举措有效地改善和规范了高校校园快递服务，提升了快件配送效率，也保证了校园快件安全。

总体来说，《办法》颁布两年时间以来，邮政管理部门对于快递企业的监管做得比较好，特别是在重大活动时期对于快递安全的保障贯彻落实得十分到位。除此之外，快递进校园、快递下乡等都得到良好的发展。但是快递企业在收寄环节中的拆箱验视制度执行依然不足，快递车辆的规格也未完全按照《办法》的规定进行升级，而用户在收寄方面也未完全按照《办法》的规定配合快递员进行验视，依然需要更深入地贯彻执行。

（二）具体制度执行情况

1. 关于寄递渠道安全的规定

（1）法条规定。

第八条　快递企业应当按照规定建立快递安全保障和协查通报制度。

快递企业和用户应当遵守国家关于信件专营和禁止、限制寄递物品的相关规定，不得寄递易燃、易爆、易腐蚀、放射性等危险物品，不得寄递国家机关公文，不得寄递国家涉密载体。

第九条　快递企业应当按照规定对快件进行验视、机检、巡检、抽检等形式的安全检查。具体办法由市邮政管理部门会同公安、国家安全等部门制定。

第十条　快递企业在收寄快件时，应当提示用户如实填写快递运单，对信件以外的快件，应当当场开拆包装验视内件，符合寄递规定的，加盖收寄验视戳记。用户拒绝验视的，不予收寄。

快递企业接受网络购物、电视购物和邮购等经营者委托提供长期、大量、多次快递服务时，可以与经营者签订安全保障协议，采取其他方式验视内件，保证快件寄递安全。

第十二条　本市行政区域内举行重大活动期间或者发生突发事件时，快递企业应当按照规定寄递快件、对快件进行集中安全检查。

第二十八条　违反本办法第十条，未执行收寄验视制度的，由邮政管理部门按照《中华人民共和国邮政法》的规定进行处理；未按照规定加盖收寄验视戳记的，由邮政管理部门责令改正，可处2000元以上5000元以下罚款。

有关寄递渠道安全的规定是《办法》着力解决的社会问题之一，其中最重要的一点就是快递企业在收寄快件时，应当当场开拆包装验视内件，对于不符合的禁止限制寄递物品以及用户拒绝验视的，应该不予收寄。而在2015年国务院提出的快递寄件实名制则是对于用户如实填写快递运单的详细具体规定，在评估中也进行了该方面的考察。

（2）收寄验视情况。

1）缺乏验视造成的问题。近年来快递安全事故频发，安全隐患日益显现。比如，骇人听闻的“邮包炸弹案”，收派员未经验视就收件，虽然被及时发现但依然造成一人受伤；再有震惊全国的“毒快件事件”，某消费者在收到网购的鞋子几个小时后出现了呕吐、腹痛等症状，后因抢救无效死亡。事件缘由是某制药厂通过快递公司寄化学品氯乙晴，但该快递公司未经检验就答应寄送，而在运输过程中该快递泄露并污染了同车快递，而那位身亡的消费者所收到的快递就是其中的一件，这起事件最终酿成一死七伤的惨剧。①

① 卢金增，刘洪伟．“夺命快递”身后事．正义网－检察日报，http：//newspaper.jcrb.com/html/2015－11/12/content_199545.htm，2015－11－12.

除了炸药包裹，通过快递渠道邮寄毒品、危险化学品等违禁物品的新闻近年来并不鲜见。2014 年 6 月 25 日，北京市第三中级人民法院对 4 起涉毒犯罪案件进行公开宣判，通过对这些案件的梳理发现，运毒人员利用物流行业运输、管理的特点与现状，使其成为毒品运输犯罪滋生的新领域。这些事件的发生反映了令人担忧的快递服务现状，快递企业由于缺乏验视而产生的安全问题已经严重威胁到用户以及快递服务人员的人身安全。

2）相关的国家政策。事实上，在意识到快递验视缺失给社会带来严重危害的情况下，2009 年出台的新《邮政法》特确立了快递验视制度，明文规定快递企业具有开箱验视的义务。《办法》的上位法《邮政法》中第二十五条规定："邮政企业应当依法建立并执行邮件收寄验视制度。对用户交寄的信件，必要时邮政企业可以要求用户开拆，进行验视，但不得检查信件内容。用户拒绝开拆的，邮政企业不予收寄。对信件以外的邮件，邮政企业收寄时应当当场验视内件。用户拒绝验视的，邮政企业不予收寄。"依据《邮政法》法第五十九条规定，《邮政法》法第二十五条对快递企业同样具有约束力，即快递企业应当依法建立并执行验视制度。同时《邮政法》法第四条规定，国务院邮政管理部门负责全国的邮政普遍服务和邮政市场的监督管理工作。至此，快递验视制度的实施主体、监管主体及各主体的具体义务都已确定。

从验视制度的内容上分析，它主要有两个目的即确定性和安全性。确定性是快递运输合同双方共同确定运输的标的，安全性指运输方单方判断运输标的是否符合国家法律的规范，即是否属于禁运物品。在现实生活中，快递运输的确定性往往是以实现安全性为前提。毋庸置疑确定性和安全性的实现，都赖于邮政企业和快递企业切实落实验视制度。[①]

目前在寄递方面相配套的有几部试行的相关法规，如《禁寄物品指导目录及处理办法（试行）》《邮件快件收寄验视规定（试行）》以及《关于加强邮件、快件寄递安全管理工作的若干意见》等，这些条例都不断加强保障着寄递渠道安全。如在禁寄物品指导目录中就明确规定了危险物品如爆炸品、压缩和液化气体、易燃液体、氧化剂和毒性物质、放射性物质等以及违禁物品如枪支弹药和非法宣传品、出版物等都属于禁止寄递的物品。

上述的办法、规定、意见等相关内容都是《办法》中验视制度的具体细化与补充，虽然只是处于试行之中，但能看出有关部门对于收寄验视环节的重视程度，而该问题也是《办法》立法所着力解决的社会问题之一。

3）北京市实施情况。早在 2012 年，北京市公安局、市国家安全局、市交通委员会、市商务委员会、市工商行政管理局、市邮政管理局便联合召开了关于全市物流寄递企业进一步落实安保责任的部署会，并发布了《关于进一步加强全市物流寄递渠道安全管理工作的通告》。会议上指出，物流寄递企业快速发展，为首都商贸经济活动和人民生活带来了快捷、便利、高效的服务。但由于物流寄递渠道具有简便快捷、价格便宜等特点，不法分子利用物流寄递企业安全管理不到位的漏洞，通过物流寄递渠道夹带易燃易爆物品、危险化学品、毒品、枪支等禁寄物品，盗窃、非法扣留、冒领、隐匿、毁弃物品的案件时有发生，给社会秩序带来一定的安全隐患。而在《通告》中也明确规定了物流、寄递企业从业人员应当熟知本岗位职

① 王学斌．快递服务收寄验视行为的思考［D］．2012 年中国快递论坛论文集，2012.

责，掌握禁寄物品的形状、性能及辨识要领，当场验视交寄物品。应当严格落实货物接收、邮件收寄环节的要求，由专人负责，主动提示用户如实填写寄递详情单，详细记录用户信息。在用户在场的情况下，当面验视托运货物，检查是否属于国家禁止流通、托运的物品，发现用户托运夹带禁限物品的，应当拒绝接收。对发现邮寄枪支弹药、爆炸物品、危险化学品、管制刀具、毒品等禁寄物品的，应当立即报告公安机关、国家安全机关和邮政管理部门。寄递企业收寄物品验视后应当在寄递详情单上加盖验视章。如图 6－20。

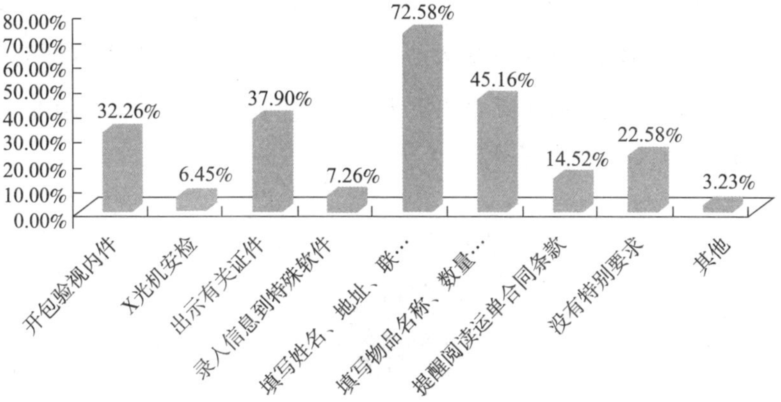

图 6－20　收寄快递时业务员要求的执行情况

而在《办法》中也明确规定了快递员在收取除信件以外的快件时要当场验视，加盖收寄验视章，不验视的企业最高处罚可被取消经营许可证。在《办法》刚颁布时部分媒体通过暗地调研发现多数快递员在收件时主动要求开箱查验，但也有少部分快递员在收件时未查验。不少北京的快递公司也表示会对快件有无验视章进行抽查。另外，也会通过暗访的形式对快递员工作进行监督和抽查。如韵达快递北京分公司负责人表示快递验视抽检比例，航空快件为 100% 抽检，汽运快件抽检率为 10% ～20% 。

《办法》实施已有两年，从调查问卷数据来看，收寄快递时快递业务员要求验视内件的比例依然不高，大约只有3成多一些，但是从消费者的反映来看，大部分消费者对于收寄验视认为是合理的，而在实际采访调查中发现有小部分的消费者表示，当面验视会触及隐私，寄某些物品会觉得尴尬。总体来说，虽然北京市有关部门几年前就开始重视收寄验视环节中所存在的安全问题，此次《办法》中也特别强调了该方面的宣传与贯彻，但是实施情况依然并不理想，一部分原因在于消费者的抗拒心理，但更重要的是快递企业对于收件时成本与效率的博弈所导致的为了多收件而忽视了该问题，同时也与监管部门监督检查力度较小，给予快递企业违法成本低有关。但在《办法》实施的过程中，重大活动期间对于收寄验视制度的贯彻实施较好。如图6－21。

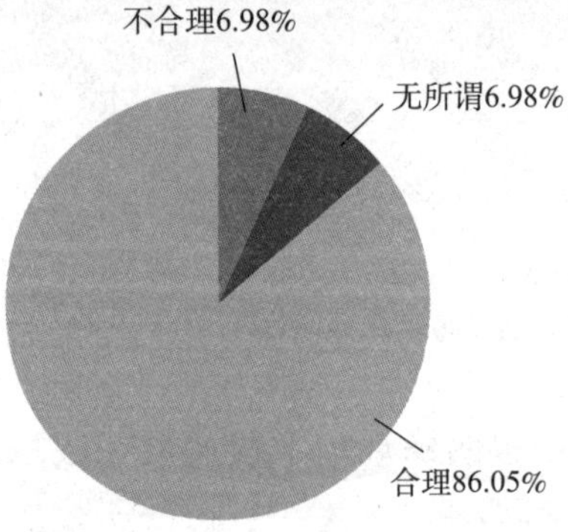

图6－21　消费者对于收寄验视看法调查情况

北京作为首都，《办法》中考虑实际情况在第十二条中规定了本市行政区域内举行重大活动期间或者发生突发事件时，快递企业应当按照规定寄递快件、对快件进行集中安全检查。如在2015年8月15日至9月5日期间，北京举行了两项重要活动，分别是2015年国际田联世界田径锦标赛和纪念中国人民抗日战争暨世界反法西斯战争胜利70周年阅兵活动。期间，快递员在收寄快件的时候，必须要开箱检查，并且在验视过后还要加盖验视章。另外，收寄邮件、快件，应要求用户出示有效身份证，并认真登记寄递物品详情、收件人和寄件人信息。寄递企业在收寄物品的过程中，需要用户提供其他有关书面凭证的，必须要求用户提供，核对无误后方可收寄。如果用户拒绝验视、拒不如实填写寄递详情单、拒不提供相应书面凭证或不按规定出示有效证件的，寄递企业应坚决不予收寄。“活动”期间对于寄往“活动”区域及有关场所的邮件、快件，无论是外埠进京还是北京同城快件，都必须做到100%全部安检，未进行安检的邮件、快件坚决不得投递。[①] 最终在本次服务保障活动中，北京市邮政管理局重点以“六全”措施即重点快递企业安检机全配备、快递企业安全委员会全成立、所有站点安全员全到位，实名登记制度全留痕，二次安检标识全细化，管理部门对企业重点部位采用移动视频技术全监控确保行业安全的工作也得到了充分肯定。

（3）实名制情况。《办法》第十条规定，客户应如实填写快递运单，而在2015年11月1日“快递实名制”在全国范围内正式实施。其实早在2015年的抗战胜利70周年纪念活动期间，进京包裹类邮件、快件就已经实行100%实名收寄，但“实名制”的执行在其他时期却并不如人意。虽然在“快递实名制”实施的第二天国家邮政局便公布了《集中开展寄递渠道清理整顿专项行动实施方案》，要求全面推进“收寄验视、实名收寄、过机安检”3项措施。该《方案》无疑是对《办法》在相关方面规定的有力指导与细化，但在调研中发现，只有少数几家快递公司明确要求寄送前需提供有效

---

① 陈琳．8月15日至9月5日北京收寄快递须出示身份证．北京晨报，http：//news. 163. com/api/15/0810/00/B0KA6IA200014AED. html，2015－8－10.

身份证件，而其他多名快递员则表示根本不需要出示身份信息，有的快递员则表示虽然公司有规定，但没人检查。如果寄送普通物品，如衣物、书等，完全不需提供身份信息。但如果寄送药品或者酒精等违禁品，就得提供身份信息。而在向市民的调研中，多位市民表达对个人隐私信息泄露的担心。部分市民表示，如果出示身份证件，看一下还好，但不能接受记录或者扫描下来。“快递员能直接记录下自己的身份信息，很不安全。”另一位市民则反映，寄快递的过程中，快递员并未主动要求自己出示身份证件。“如果没有要求，也不会主动提供身份证件。”如图6－22。

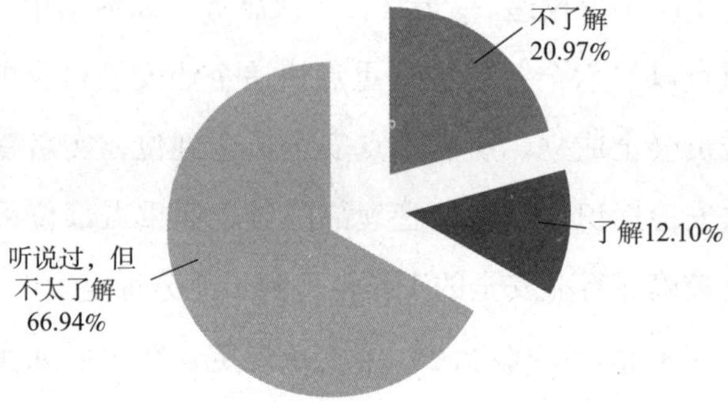

图6－22　消费者对于实名制认识程度调查情况

总体来说，尽管快递实名制已经实施，但落实效果并不理想，各家快递公司采取的措施不太一致：有的要求在快递面单上如实填写身份信息并查验；有的则表示核对一下就行，不一定要写下来；而在一些快递公司，不查验身份证件，化名与谎报身份证号也能顺利寄件。同时，快递实名制需要更好地进行宣传才能推进贯彻情况，目前真正了解实名制的消费者占比只有1成，大部分消费者都是听说过但不太了解，而对于消费者来说最担心的是个人隐私信息会因此泄露。如图6－23。

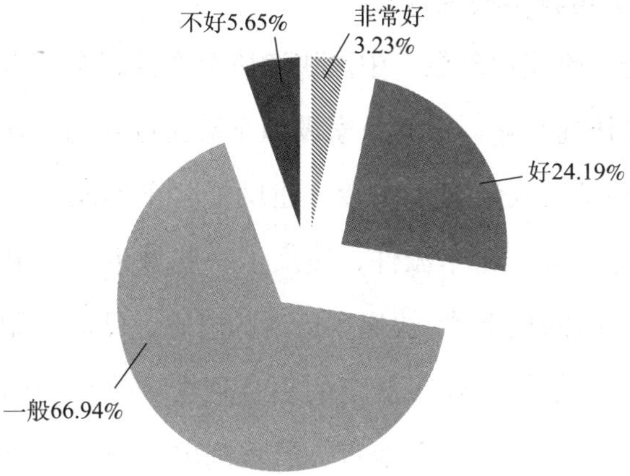

图6－23　消费者对于实名制实施效果调查情况

2. 关于快递运输车辆的规定

（1）法条规定。

第十八条　运输快件的车辆应当符合本市道路交通运输和货物运输的技术规范和要求，并采用统一的快递运输专用标识。公安交通管理部门应当根据城市交通状况，为快递运输车辆提供通行便利。

收寄和投递快件的车辆应当封闭，标明快递企业标识，并符合本市道路通行要求。

第十九条　快递企业寄递快件需要进入社区、高等院校时，相关单位应当提供车辆通行和临时停放、快件派送等便利条件，快递企业应当遵守社区、校区管理相关规定。

以上两条款主要是围绕快递运输车辆的技术规格以及配送服务进行了规定，而关于车辆的规格有更加细致的管理条例如《快递专用电动三轮车技术要求》等，快递电动车不仅是快递“最后一公里”配送的重要工具，同时也是符合中国国情及道路状况的一种配送方式，而快递车辆在道路上的行驶问题也是不容忽视的安全问题。

（2）快递运输车辆现状。

1）快递车辆违规现象。中国快递协会常务副会长李惠德曾经说过："中国的快递企业，没有一家没因车被罚过款的。挨罚的主要原因有两类：一是用改装客车中转，违反了客车不能载货的规定；二是用电动自行车或三轮车派件，违反了一些城市禁止电动车或电动三轮车市内通行的规定。"快递车遭遇的尴尬，已成为制约产业转型升级的瓶颈。由于相关政策规定的不合理性和执行中的随意性，使快递车辆运行处于一个灰色地带，严重削弱了快递企业对于未来车辆技术改造的资金投入和转型升级的动力。而快件延误也一直是消费者投诉的集中问题之一。

在《办法》颁布后，2014 年 8 月 25 日北京启动了整治燃油两轮摩托车、电动（燃油）三轮车交通违法乱象行动，交警主要检查两点：①车辆是否上了牌照，符合规定；②驾驶员是否有驾驶资格。当时多家快递公司均表示，在交警加强力度查车的情况下，快递业务均受到一定程度的影响。虽然很多快递公司的三轮车都统一颜色，统一标志，但三轮车和司机均未配备相应的牌照和驾驶执照。

2016 年初深圳对于包括快递电动三轮车在内的交通综合整治引起了全国的注意，特别是对于快递运输车辆的议论。北京市虽然没有实行全面的"禁摩限电"，但是对于处于灰色地带的快递运输车辆也是不时地会进行管理。据交通部门一位人士介绍，管理部门出台措施加强电动自行车管理也是现实情况所迫，表面上看是交通乱象丛生，但背后则是管理标准的缺位。据悉，北京也在执行非机动车管理办法，电动自行车的管理内容有望纳入其中。目前该法规正在起草过程中，有关部门表示将力争在 2016 年年底前通过程序并实施。北京市目前有 400 万辆电动自行车，符合国标纳入工商部门目录并注册上牌的只有 90 万辆，符合上牌标准但没注册的有 20 万辆，不符合登记规定的有 290 万辆。如果这部分车辆要全部登记，影响最大的则是大量使用电动自行车的送餐企业以及部分使用电动自行车的快递企业。电动三轮车（两轮车）与汽车等交通工具相比确实存在极大的安全隐患，无牌照不利于监管部门监督，也造成大量违反交通规则事实的出现。

对于非机动车即主要是电动三轮车而言，抛开其自身规格标准外最大的问题就是车辆的牌照问题以及驾驶人员的驾驶证问题。而电动三轮车能不能上牌照取决于它的生产企业、它的型号有没有列入国家工信部发布的《道路机动车辆生产企业及产品》名录，名录里有就可以上牌，没有就不能上牌。但在工信部官网上公布的名录中，仅有 4 个型号的电动三轮摩托车在列，并不是快递专用电动三轮车，而且无法区分这几种车做客运还是货运。快递业人士表示，目前绝大部分快递员所用电动三轮车的生产企业及产品都不在名录里，因此无法上牌。

2）快递车辆优势及发展趋势。对于快递企业来说，电动三轮车的确是目前最理想的末端派送工具。①成本优势。一辆电动三轮车购置成本只需千元左右，充电成本低，占用场地相对较小，也不需要负担机动车所需要的保险、上牌、检验等费用，驾驶者不需要驾照考试、培训等成本，对以进城农民工为主体的快递员来说，电动三轮车在成本、效率方面，无疑是最佳的派送工具。②运送优势。三轮车可以安装防盗上锁厢体，快递包裹避免风吹雨淋和丢失。③环保优势。目前使用一辆电动三轮车，每天能完成的派送货量普遍超过 100 件，在城市中零排放、无污染，占用道路面积也很少。而使用汽车派送，以效率较高的美国 UPS 为例，一辆装备了现代信息技术的燃油派送卡车，每天大概能派送 300 件包裹，时下新能源货车尚未形成规模，如果把市里大量的电动三轮改成燃油货车行驶在街上，对目前饱受拥堵和雾霾之苦的北京来说，是不可承受的。

其实现在顺丰、EMS、百度外卖、京东等企业已经开始尝试使用零排放的电动物流车，至少有200多辆已经上路。这些围绕大型物流中心和集贸市场布局的电动货车，主要用于市内短距离、高频次的配送，如果大规模推广，将有效抑制北京机动车排放对空气质量的影响。这些电动物流车不仅环保无污染，还能大大降低企业的物流成本。虽然电动物流车还是个新鲜事物，续航里程和充电问题还需要进一步解决，但可以看出这是未来物流快递车发展的一个趋势。

（3）相关的国家政策（如表6－3）。

表6－3　城市配送相关政策

国家政策	发布时间	发布单位	相关内容
《全国城市配送发展指引》	2013.01.17	流通发展公司	提出城市配送体系的建设重点
《关于加强和改进城市配送管理工作的意见》	2013.02.06	交通运输部等	建立城市配送管理体制与运行机制
《关于组织申报城市共同配送试点的通知》	2013.03.05	商务部、财政部	实施城市共同配送试点
《关于交通运输推进物流业健康发展的指导意见》	2013.06.06	交通运输部	推动城市配送发展
《商务部关于促进电子商务应用的实施意见》	2013.10.31	商务部	配送车辆管理、电子商务城市共同配送服务试点
《关于加强城市共同配送试点管理的通知》	2013.11.20	商务部、财政部	健全城市配送服务体系
《关于提升快递末端投递服务水平的指导意见》	2013.11.22	国家邮政局	开展第三方合作模式、推广智能投递
《关于加强城市配送运输与车辆通行管理工作的通知》	2014.01.20	交通运输部等	城市配送车辆技术管理、配送车辆通行管理
《物流业发展中长期规划（2014—2020年）》	2014.10.04	国务院	完善交通运输网络，改进物流配送车辆城市通行管理

近几年，有关部门已经认识到电子商务的发展以及快递业的业务量大增对于末端投递配送的巨大压力，为了更好地规制与促进配送的安全与高效，有关部门相继制定了相关政策。2016 年 4 月，国家邮政管理局发布了国家强制性标准《快递专用电动三轮车技术要求》（征求意见稿），并公开征求意见。[①]

这是我国出台的首个专门针对快递行业车辆的国家强制性标准，而该标准的某些规定也是引发不同主体间的争议。意见稿对最高车速、整车质量等技术指标做出了细化规定。值得注意的是，意见稿规定，快递三轮车最高车速不应大于 15 公里/小时。同时规定，快递车启动时不应加速过快，4 秒内起步加速应不大于 5 公里/小时。对于限速规定，标准起草组解释，快递三轮车在非机动车道上行驶，又带有一定重量的厢体，车速过快不仅对其他车辆造成潜在威胁，也会给快递员的自身安全以及快件安全带来隐患。此外，起草组认为，考虑到其他交通参与者的安全，尤其在居民小区等人员密集地方，快递三轮车启动时不应加速过快。但是某快递企业负责人反映，这样的速度堪比自行车，影响配送时效，目前，快递车时速约 30 公里，标准中的最高车速下降一半。同时该负责人也表示，这样的速度能保证安全，但运送快递却很难保证“准点准时”。原本半小时的送货时间，可能被延长至 1 个小时，对运送冷链产品影响更大。相关专家认为，限速是各方面博弈的结果，但目前，路面的电动三轮车速度大多高于这个速度。

除限速，意见稿对快递车整车质量、最大载重量及蓄电能力也做出规定。根据规定，快递车的整车质量小于 200 公斤，最大装载

---

① 信娜．快递电动车：最高时速不超 15 公里续航大于 60 公里．新京报，http://news.xinhuanet.com/politics/2016－04/13/c_128888882.htm，2016－4－13.

质量不大于180公斤。相比2014年出台的《快递专用电动三轮车技术要求》行业标准，整车质量下降了1/3，由原来不大于300公斤降低为小于200公斤。起草组解释，最大程度降低快递三轮车的自重，可以降低安全风险。180公斤的最大装载重量，是依据快件实际装载质量。快递企业日均投递重量一般在300～360公斤之间，按每天投递两个频次计算，每次送货重达150～180公斤。如遇周末及促销活动，货物重量有所提升。起草组表示，整车质量下降意味着厢体需采用质量较轻的新材料，如铝合金，成本增加近800元。起草组认为，在用快递三轮车的蓄电池一般采用铅酸电池，使用寿命短，价格较低。满足要求的话，建议采用锂电池或光伏电池，价格提高2000多元。而某快递企业负责人表示，目前运送快递的装货量多在100公斤，大或重的东西会选择机动车，整车质量也满足条件。但并非每辆快递车均符合标准。现有快递车充电后，一般能行驶20～30公里，60公里相当两块电池的续航能力，而换成锂电池整车成本得增长将近一倍。

北京某大型快递公司的负责人也表示，该公司目前共有约千辆快递车，如果按照新国标规定，没有一辆车合格。如果要更新车辆，按起草组预估，光电池价格就要提高2000多元/辆，光这笔费用该公司就需要投入200万元。

总体来说，目前电动三轮车仍是我市最理想的末端派送工具，但目前大多数快递运输车辆的规格并不符合最新出台的《快递专用电动三轮车技术要求》标准，而按要求升级运输车辆对于快递企业而言需要投入不小的成本，同时也会对派送业务造成很大程度的影响。而绝大多数消费者认为统一快递车辆的规范能更好地保证快件的安全。如图6－24。

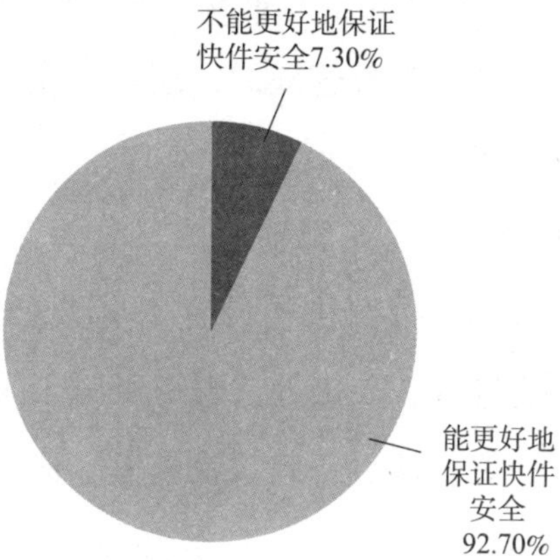

图6－24　消费者对于统一快递车辆规范的看法调查情况

3. 关于监管的规定

（1）法条规定。

第二十一条　快递企业应当诚信经营，妥善处理用户对服务质量提出的投诉意见。用户对处理结果不满意的可以向邮政管理部门申诉，邮政管理部门应当依法处理，并自接到申诉之日起30日内做出答复。

第二十二条　邮政、公安、国家安全、海关、保密等部门应当建立本市快递安全保障机制，加强对快递安全的监督检查。快递企业及其从业人员对行政部门的监督检查应当予以配合。

第二十三条　邮政管理部门应当建立本市快递监管信息平台，加强对快递企业经营行为的监督管理，并纳入本市企业信用信息系统，依法向社会公布。

邮政、公安、国家安全、海关、交通等部门应当加强信息沟通，建立快递安全信息共享机制。

以上三个条款主要从监管的角度进行了相关的规定，其中包括了用户对于快递企业的申诉以及行政部门对快递企业的监督检查，有效的监督和管理是对快递安全的重要补充和帮助。对于快递行业，主要的监管部门依然是市邮政管理局，配合公安、交通等部门对快递寄递安全、运输车辆安全等问题进行监管。

而在北京市邮政管理局按管辖范围又分为天竺、东区、西区、南区、北区邮政管理局，按照机构设置下属办公室、政策法规处、普遍服务处、市场监管处、人事处、财务处以及职鉴中心。其中政策法规处负责邮政地方立法、行政执法监督、邮政行业统计、邮政行业相关法规的宣贯等工作；普遍服务处负责制定落实保障政策、定期监测服务水平、建立完善服务质量监控体系以及邮政配套设施建设、使用情况监督检查等工作；市场监管处负责依法落实对快递等邮政业务的市场准入制度并监督管理、处理快递等服务质量投诉和举报等有关事务等工作。

（2）监管情况。

1）监管案例。《办法》中规定邮政管理部门应当建立本市快递监管信息平台，加强对快递企业经营行为的监督管理，而北京市邮政管理局也在官网上设有市场监管的专栏刊登机构部门监管的消息。北京市邮政管理局邮政监管派出机构共分为5个，分别是天竺、东区、南区、西区、北区邮政管理局，每个机构都会定期对其管辖范围的邮政及快递企业进行监管。如2015年7月南区局的执法人员为监测辖区邮政企业普遍服务水平真实情况，结合北京局市内邮件寄递测试工作，进行了历时8天的检查。此专项检查以暗访形式开展，共抽查了大兴、房山、丰台的邮政与快递企业，执法人员重点对邮政普遍服务业务开办、收寄验视制度落实、邮政普遍服务标准执行等情况进行暗查。检查发现大部分邮政与快递企业能够提供良好的邮政与快递服务和消费体验。

再如，为了强化70周年阅兵活动期间行业安全生产，2015年8月末北京邮政管理局会同市安监局对快递企业安全生产情况进行督导检查。督查组来到了某几家快递企业进行现场检查，听取了企业安全生产工作情况的简要汇报，重点检查了企业安全生产制度、设备安全运行、用电防火安全、员工安全教育等安全工作落实情况。对检查中发现的企业安全问题，督查组现场督促企业立即进行整改，消除安全事故隐患。同时也就加强安全生产工作提出四点要求：①提高思想认识，增强安全观念；②明确安全责任，落实安全制度；③加强隐患排查，保障安全生产；④强化安全措施，落实验视制度。

在“双十一”前后的快递业务旺季时期，北京邮政管理局也专门制定出台了《北京市邮政管理局2015年快递业务旺季服务与安全保障工作方案》和《北京市邮政管理局快递业务旺季期间新闻宣传工作方案》；市局、派出机构、快递企业建立领导小组；市局建立“双11”业务督导信息专报制度和快递企业量收信息报送制度，编发北京局“双11”动态信息专报，为领导决策提供帮助。同时派专人监测企业视频监控系统、专人监测舆情系统、监测新闻媒体动向，通过召开媒体通气会、组织集体现场采访等形式做好行业宣传工作。督导派出机构深入企业加强检查指导力度，帮助快递企业化解难题；督导快递企业细化安全和服务保障应对措施，保证快递服务优质高效，保障寄递渠道安全畅通。督导快递企业与电商企业加强对接，加强预判，实现“保畅通、保安全、保平稳”工作目标。

2）监管执法数据。目前快递业的几部法律法规中都有监督管理的章节，还有专门的《邮政行业安全监督管理办法》，此外，全国邮政管理部门每年都会发布邮政市场行政执法情况通告，也会撰写

《快递市场监管报告》。在2015年的邮政市场行政执法情况通告中显示：2015年全国邮政管理部门继续加大邮政市场检查和行政执法工作力度，全年出动执法人员237537人次，执法检查97941次，检查单位97941家次，出检天数27501天，查处违法违规行为13671次，同比下降26.78%；下达行政处罚决定2801份，同比增长28.60%；罚款金额1461.804万元，同比增长33.82%。

排名前十的违法行为分别是设立分支机构未备案、安全设备使用不符合国家标准、未按规定对从业人员进行安全生产教育和培训、未按规定办理变更手续、不执行收寄验视制度、未按规定分拣作业、未按要求报送监控资料、未按期提交年度报告书、安全设备安装不符合国家或行业标准、委托未经许可企业经营。

2015年，寄递企业在快递业务经营许可方面的违法案件占全部违法案件的35.57%。设立分支机构未备案435件，占比42.52%；未按规定办理变更手续234件，占比22.87%；未按期提交年度报告书105件，占比10.26%；委托未经许可企业经营89件，占比8.70%；未经许可经营快递业务53件，占比5.18%；未按规定办理备案手续42件，占比4.11%；超地域范围经营32件，占比3.13%；委托无快递业务经营资质的个人经营快递业务19件，占比1.86%；其他14件。

2015年，寄递企业在服务质量方面的违法案件占全部违法案件的12.76%。未按规定分拣作业161件，占比43.87%；违反加盟管理规定62件，占比16.89%；违反快递服务标准58件，占比15.80%；未按规定公示服务承诺43件，占比11.72%；未按规定填写快递运单23件，占比6.27%；未按规定和标准处理无着快件11件，占比3.00%；违法扣留用户快件（邮件）5件，占比1.36%；其他4件，占比1.1%。

目前，在北京市邮政管理局的网站上的执法信息公开专栏刊登信息较少，而在国家邮政管理局的网站页面上每个专栏都有最新的消息，能清楚地看到全国各地的约谈、整改以及处罚的信息。而北京市邮政管理局在政府信息公开页面中则大多是关于某些工作的通知和意见，缺乏相关的执法与监管信息。如图 6－25。

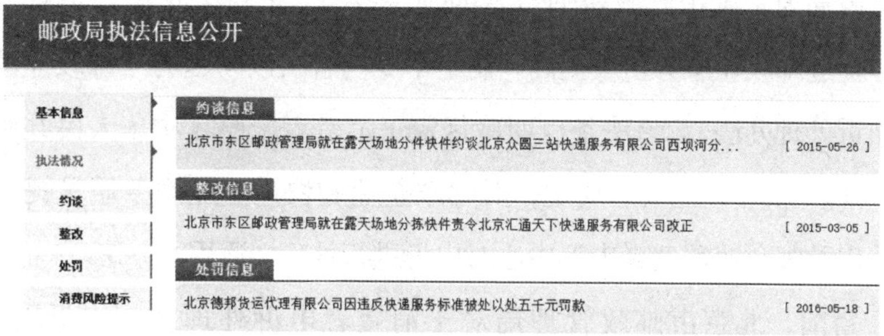

图 6－25　北京市邮政管理局执法信息公开页面截图

总体来说，北京市邮政管理局的监管信息平台建设还不够完善，数据不够透明，也应该像国家邮政管理局一样，加强监管力度，定期公布监管的数据让大众也能更好地参与到快递企业的监管之中。此外，目前在寄递环节的监管仍然不够深入，因此也导致了前述的寄递验视环节的诸多问题。如图 6－26。

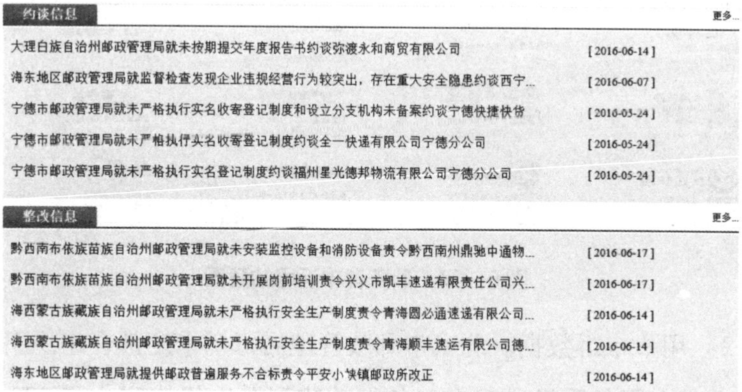

图 6－26　国家邮政局执法信息公开页面截图

（3）用户申诉情况。

1）用户申诉依据及途径。消费者用户作为主要收揽快递的一方，满意度及对有关快递企业问题的申诉是对于快递行业以及企业运营的有效监管。虽然在《办法》中关于用户投诉只有第二十一条的规定，但国家邮政局为了维护邮政业消费者的合法权益，依法公正处理消费者申诉，促进邮政业服务质量提高，制定了专门解决该问题的《邮政业消费者申诉处理办法》，该法条也明确规定了消费者按照《中华人民共和国邮政法》第六十五条的规定，对邮政企业和快递企业服务质量提出申诉，以及邮政业消费者申诉中心对申诉进行处理，适用本办法。

目前，北京市邮政管理局对于消费者申诉处理设有申诉网站，与国家邮政局申诉网站相似，若消费者已向企业投诉，但七天内没有任何处理结果，或是已向企业投诉，但对企业的处理结果不满意，只要满足其中一个条件就可以提出申诉。申诉网站也刊登了大部分快递企业的投诉电话，为消费者申诉提供了便利。如图 6－27。

图 6－27　消费者申诉网站截图

2）用户申诉数据。北京市邮政管理局每个季度都会组织召开快递企业安全服务质量通报会，各邮政监管派出机构和全市 100 余家的快递业负责人都会参加，每次会议都会通报该季度快递服务申诉、行业安全监管、行政执法检查、快递寄递时限测试等情况。但北京市邮政管理局并没有如国家邮政管理局及其他部分省、市邮政管理局一样将各月的邮政业消费者申诉通过网站通告社会。而从国家邮政局关于2014年及2015年公布的快递服务满意度调查结果来看，北京市的快递服务满意度在全部省会城市、直辖市以及19个快递业务量较大的重点城市共50个城市中排名在15名之后，可见北京市快递服务满意度还有待提高。

全国的数据具有一定的代表性，在2015年的公众满意度方面所涉及评价的4项二级指标中，得分排行依次为受理环节、揽收环节、投递环节以及售后环节。而在涉及评价的13项三级指标中，用户满意度较高的项目是：揽收员服务、送达质量、揽收质量、普通电话受理、查询服务、上门时限、派件员服务和统一客服热线受理。从快递企业标准化表现来看，超六成用户认可快递企业在服务操作、营业场所等方面的表现，反映出快递企业标准化工作进一步落实。

在国家邮政管理局统计的快递服务申诉问题中，主要的问题集中在投递服务以及快件丢失短少上，而这也是北京消费者反映较多的问题，其中争议最多的就是关于快递企业与消费者关于快件丢失短少后贵重物品的赔偿问题。曾有消费者通过北京某快递公司寄了几幅眼镜，损失额达到上千元，但是最后发现货物丢失，而公司也承认是内部人员的偷盗行为，最终消费者投诉到北京市邮政管理局申诉网站。而最终申诉处理的答复是根据背书条款破损或丢失三倍运费赔偿，因考虑客户损失较大，多次联系客户协商赔偿500元，而申诉方要求赔偿800元，双方未达成一致。另外一起事件则是快件因快递员送错人导致丢失，在向站点投诉后消费者得到快递员赔付2000元的解决方案。但是，几天后，快递员却称已被开除，不再赔付。而站点提出仅能赔付邮费的三至五倍，合计不到100元。消费者拒绝此方案，但快递公司也一直并未提出更好的补偿方案。

从仅有的北京市邮政管理局在2016年2月公布的全市邮政业消费者申诉情况通告的数据中可看出，2016年2月，北京市邮政业消费者申诉中心通过“12305”邮政行业消费者申诉电话和国家邮政局申诉网站等渠道共受理消费者申诉8554件，其中，有效申诉（确定企业责任的）共3624件，关于快递业务问题的有效申诉共3227件，占当月总申诉量的89.05%。[①] 主要问题详见表6－4

表6－4　2月消费者申诉快递业务主要问题及所占比例统计表

序号	申诉问题	本月（件）	比例%	上月（件）	环比%	去年同期（件）	同比%
1	延误	1041	32.3	1159	−10.2	486	114.2
2	丢失短少	834	25.8	1317	−36.7	499	67.1
3	投递服务	1062	32.8	1109	−4.2	805	31.9
4	损毁	186	5.8	275	−32.4	116	60.3
5	收寄服务	78	2.4	86	−9.3	64	21.9
6	违规收费	12	0.4	16	−25.0	8	50.0
7	代收货款	12	0.4	22	−45.5	16	−25.0
8	其他	2	0.1	2	—	3	−33.3
9	合计	3227	100.0	3986	−19.0	1997	61.6

总体来看，北京市邮政管理局对于全市的快递服务申诉处理有效的比例还有待提高，而且北京局虽每个季度会组织召开安全服务通报会，但是每月的数据并未公布在网站上，影响公众监督以及消

① 北京市邮政管理局关于2016年2月份全市邮政业消费者申诉情况的通告，北京市邮政管理局，http：//bj. spb. gov. cn/xxgg_ 14757/201604/t20160414_ 744516. html，2016年4月14日。

费者了解快递行业情况。

（三）《办法》实施存在的问题

1. 寄递渠道规定的问题

（1）验视落实不到位。通过运用访谈、观察及问卷调查等方法对快递收寄验视制度现状进行分析，得出其在目前执行中存在许多问题和障碍，实效低下。

1）对于企业而言，100%“开箱验视”对快递公司成本增加的压力很大，这种隐形的成本体现在当面检查验收所耗费的时间变长，自然导致了快递员收件效率的直线下降。若公司不增加快递人员数量，将会损失大量的生意，但若公司增加快递人员，又势必会增加底薪成本，此外，还要多承担社保费用，对原有快递员工来说，增加人手又势必会压低每位员工的收入，因为派件数量的减少会间接降低每位员工的提成收入。因此，若在没有外部监管的情况下，快递企业自觉遵守验视制度的可能性微乎其微。

2）用户出于隐私保护对验视存在抵触心理。虽然法律规定收派员（从事上门揽收快件和投递快件工作的人员），在执行验视行为时不能去关注快件的内容，只能单纯检查其安全性，可是部分客户依然表示一些私人物品在外人面前打开依旧会使他们尴尬不已。同时也有部分用户认为“开箱验视”不仅耽误了自己的私人时间，而且对自己精心制作的包裹任由快递人员无情撕拆，内心总感觉难以接受。①

3）部分快递员工的职业素养以及配备的安全检测设备与“开箱

① 余怡璇. 浅析我国快递验视制度执行［J］. 法制与经济，2015（7）.

验视”规定不能匹配。虽然在《办法》中规定了快递企业应当制定快递安全操作标准和流程，定期组织开展安全生产教育和专业培训，提高快递从业人员对危险性物品的识别能力和处理能力，也规定了通过资格认定的快递业务员的比率不低于40%；每个营业场所配有2名以上通过资格认定的快递业务员，但“开箱验视”规定对快递员工的职业素养要求是十分高的，因为在极短的时间内完成拆、验、包、送这一规范流程并不容易，目前快递业务员的职业素养与“开箱验视”规定并不能很好地匹配。同时目前的安全检测设备技术也并不能完全匹配“开箱验视”的规定，有待提高。

（2）用户信息检查不严。虽然在《办法》中并未有关于“实名制”的明确规定，但“实名制”作为用户信息安全检查的重要手段应该在寄递环节中按要求执行，而经过调研后发现除了在抗战胜利70周年纪念活动期间执行得较好外，其他时期执行得并不严格。

“实名制”的实施困难与问题与验视有些相似，对客户来说，人们也有所顾虑。因为目前国家还没有相关快递实名制个人信息安全保护方面的规定，快递企业对个人信息保护也又没行之有效的举措。所以，公众有理由担忧大量个人信息的采集存在泄露与滥用的隐患。这种担忧，给快递实名制的落实带来困难。对快递企业而言，快递实名也会如开箱验视一样增加企业成本，企业运行效率受到影响，同时还有一个重要的原因就是中国目前尚未形成完整的诚信体系以及缺乏技术支撑。

2. 快递运输车辆的问题

（1）快递非机动车辆的问题。目前，快递电动三轮车仍是法律及规范制度的管理盲区，《快递专用电动三轮车技术要求》也还未正式出台。中国的快递业快速发展，快递业使用的主力车型是滞后于快递业发展的。快递电动三轮车最大的问题就是合法身份的问题，而这也是最大的难题之一。一方面由于快递三轮车来源不明，一些生产厂商自身就未取得相关资质，电动三轮车的合法身份就无从谈起；另一方面是国家相关部门需要制定适合快递业的相关标准，让快递电动三轮车有法可依。而造成“禁行快递三轮”这种尴尬局面的原因也是复杂的，表面上是执法的简单“一刀切”，深层次上则是相关标准的缺失和法律滞后于时代的发展。①

（2）快递机动车辆的问题。北京也如全国其他大城市一样采用对城市货运车辆分区域、分时段限行的管理方式，该办法虽然在一定程度上缓解了城市交通拥堵，但也由于将快递和其他货运车辆一体对待，快递企业不可能使用厢式货车从事快件运输，只能分装使用小型面包车车辆，通常几辆面包车的运载能力才能抵得上一辆厢式货车，导致大量交叉运输、迂回运输等情况，加剧了城市道路拥堵。而且在厢式货车禁止或限制进城的背景下，快递企业为了正常开展业务，不得不将客运车辆去掉座椅，改装成快件运输主力车辆，这种“客改货”的行为也违反了《道路交通安全法》以及《道路运输条例》等。

（3）快递车辆停靠问题。虽然在《办法》中涉及到有关单位应给予快递车辆停靠的便利条件，但北京的不少传统商业聚集区和居民区均缺少快递车辆停靠点、装卸点和停车区域等配套基础设施，许多新建商业、生活设施的规划、设计、建设也忽视了快递配套设施的需求。快递车辆只能选择违章停靠，影响了正常交通秩序，影

① 李铎，王运．快递电三轮遭遇身份尴尬［N］．北京商报，http：//www.bbtnews.com.cn/2016/0331/143836.shtml，2016－3－31.

响居民生活，企业也可能由此付出了违法成本。同时，快递企业在大城市停车费用也居高不下，据统计，快递邮政速递公司每年停车费用就高达600万元。

3. 监管存在的问题

（1）行业协会监管作用不凸显。行业协会作为第三方，是政府与企业的桥梁和纽带。快递协会能够对快递行业的服务质量、经营作风、竞争手段进行有效监管，并且能够鼓励公平竞争、维护行业信誉、打击违法违规行为。但目前快递协会的监管作用还不凸显，其中一个原因是快递协会开展的工作大多是在国家邮政部门的要求和安排下进行的，并且主要是以会议的方式进行，对快递行业的监管方式过于单一；另一个原因是很多本应该属于行业协会的日常事务，比如快递企业资格评定、快递业务员培训、快递业务员的职业资格认定以及管理等事项，现在仍由政府邮政管理部门负责，使得行业自律作用未能得到充分发挥。

（2）监管方式单一。监管方式就是监管主体进行监管的手段。传统的监管方式有审批、核准、登记、处罚等，特殊的监管方式有信息披露、监管报告、监督检查、与高管人员谈话或质询等。而目前北京市对快递行业的监管方式主要集中在开展监督检查和进行行政处罚两个方面。①

邮政管理部门对快递行业开展监督检查主要包括：①对快递企业的安全进行监督检查。主要是检查快件是否属于禁止或限制寄递的范畴、安全措施是否完备等方面，并指导和监督快递企业落实安全责任制、加强对突发事件的管理、督促快递企业定期组织开展突

① 曾碧琪．完善我国快递行业监管制度的立法思考［D］．湖南师范大学硕士学位论文，2014.

发事件应急演练。②对服务质量进行监督检查。邮政管理部门通过建立以公众满意度、时限准时率和用户申诉率为核心的快递服务质量评价体系，指导评定机构定期测试评估快递行业服务水平，评定服务质量等级，并向社会予以公告。③对经营快递业务的企业及其从业人员进行监督检查。主要是依法对未经许可经营的快递企业、超出经营范围的快递企业、侵犯消费者权益的行为、不正当竞争的行为等方面进行查处。

而目前对快递行业的主要监管方式过于单一，就容易造成监管出现漏洞，从而使快递行业不断出现侵犯消费者合法权益的事件，同时也容易造成许多《办法》中的规定无法很好地执行，如收寄验视制度等。

（3）信息披露制度不完善。信息披露也可以称信息公开，是指在市场公开原则下，市场主体依照法律规定，将其经营财务等有关信息以一定方式向社会公开的活动。信息披露是公众知情权的体现，是市场经济公开性、透明化的要求。信息披露制度就是规定信息披露的内容、范围、时间、方式、程序及监管的法律规范。信息披露制度不仅能够使监管主体能够更好地分析、监测市场主体的动向，实行风险控制；使经营者了解自己的经营能力，防范经营风险，提升经营水平；还可以使消费者洞悉企业的经营状态，行使自主选择权并进行良好的监督。虽然我国每年都会披露快递市场监管报告，里面有企业的部分数据，但是北京市为了更好地监管快递企业也应该如国家邮政局一样对我市快递企业的监管信息结果进行公示。

五、完善立法的建议与措施

（一）完善寄递渠道的建议

1. 强化对快递验视制度执行的监督

一个企业在决定是否履行一项法定义务时，影响其决定的因素有两个：预期收益和预期成本。预期收益是指若不遵守法定义务可能带来的利益预期。预期成本则是指不遵守法定义务而可能产生的法定不利后果。当预期利益高于预期成本时，企业就很可能铤而走险。事实上，预期成本等于惩罚的可能性和惩罚的力度两者的乘积。因此，当惩罚力度上升，而惩罚的可能性下降时，企业的预期成本将保持不变。

《办法》中针对收寄验视制度的规定是未执行收寄验视制度的，由邮政管理部门按照《中华人民共和国邮政法》的规定进行处理；未按照规定加盖收寄验视戳记的，由邮政管理部门责令改正，可处2000元以上5000元以下罚款。而《邮政法》中的规定是邮政企业、快递企业不建立或者不执行收件验视制度，或者违反法律、行政法规以及国务院和国务院有关部门关于禁止寄递或者限制寄递物品的规定收寄邮件、快件的，对邮政企业直接负责的主管人员和其他直接责任人员给予处分；对快递企业，邮政管理部门可以责令停业整顿直至吊销其快递业务经营许可证。

可见，目前针对违反验视制度的义务主体的惩罚力度已由立法的方式确定下来，具有较强的稳定性，但“开箱验视”未能很好执行的原因是惩罚的可能性不大，即监管不足，导致违法成本低。因此，市邮政管理部门以及各个企业都应该安排人员对寄递时的验视行为进行抽查与监督，对于未按规定遵循验视步骤的快递企业与快递人员进行处罚。只有在惩罚可能性大大提高的情况下，快递企业的预期成本将巨幅增高，使得其预期利益明显低于预期成本，促使快递企业自觉落实验视义务，逐渐形成良好行业氛围。

快递行业一向以价格竞争作为主要竞争方式。那些因为不遵守验视规定而省下验视成本的快递企业，反而会比严格执行验视制度的快递企业在市场竞争中更具优势，使快递行业出现了逆向淘汰，严重打击了快递企业遵守验视规定的内在热情。因此，在执法监管过程中，要加强对不正当价格竞争行为的监察与处罚。只有通过严格的执法将整体行业具有执行验视义务氛围时，企业才会更好地从成本与效益分析中选择遵守验视的规定，而用户也会更好地遵守法律。

除了罚款之外，《办法》中第二十三条规定了邮政管理部门应当建立本市快递监管信息平台，加强对快递企业经营行为的监督管理，并纳入本市企业信用信息系统，依法向社会公布。对于目前蓬勃发展的快递企业来说，随着业务量与业务收入的逐年飙升，企业利润也必定十分丰厚，因此单纯的罚款对于快递企业特别是大型的快递企业而言也许只是九牛一毛，但实行信用制度对快递企业更有威慑作用，目前信用制度并没有很好地得到实施，今后的司法、执法过程中应该更好地运用信用制度。同时，有关部门也应加强寄递规定的宣传，使消费者用户清楚开箱验视是必要环节。

2. 出台配套的实名制可操作细则

目前快递实名制想要全面推行存在一定困难，主要是相关配套法律法规仍不完整，寄件人对出示身份信息的安全性仍存疑问，可以说快递实名制目前的对个人信息保护没有具体举措。最好的办法还是国家制定快递实名制操作的细则，引导建立一套严密规范的程序，在实名的同时而不外泄。一方面，要完善居民身份证法，解决国家邮政局颁布的实施方案的法律效力问题，让国家邮政局对快递员、快递公司查验居民身份证这个授权合法化，做到有法可依。另一方面，要完善个人信息安全保护和个人隐私权保护方面的法律法规，明确快递企业、快递员查验、登记、管理消费者身份信息的法律边界，改变法律法规太过原则化、违规成本过低的现状。而《办法》中原有的第十条也应扩展为："寄件人拒绝验视、拒绝如实填写快递运单、拒不提供书面凭证或者不按照规定出示有效身份证件的，经营快递业务的企业不予收寄。"

3. 推进信息化登记系统

应该推进信息化登记系统，主要方式为 APP 或快递扫码器如"巴枪"等，使用"巴枪"可以迅速扫描客户信息并上传至公安系统，信息上传后自动清零。这两样，都不是什么新鲜东西，超市结账、用支付宝付款等等，都会大量使用"巴枪"，而扫描二维码，更是很多人的"家常便饭"。信息与外界隔绝，到了它该去的地方，而且极为快速，对快递实名制是有决定性的好处的。

信息保护是一个整体工程，我们现在对信息保护的程度还有待提高，除了制度的构建，在很多其他方面还可努力。就目前而言，可以通过设立权限的方式对快递实名制下的公民个人信息进行有效管控。比如快递员通过设备扫描寄件人的身份证，寄件人的个人信息就会通过这个设备经云端传入终端服务器。而一般的快递工作人员没有查看的权限。这样信息和快递件分两头走，就可以减少公民个人信息泄露的风险。如果快递员手持的设备通过二代身份证内设的芯片与第三方的信息终端对接，同时让第三方再与公安部门的信息库对接，就可以保证寄件人提供信息的真实性，同时，公安部门的介入也可以为公民个人信息加一重保障。

（二）完善快递运输车辆运行的建议

1. 抓紧出台相关车辆标准

建议加快制定快递服务车辆相关标准。①呼吁交通管理部门尽快制定《城市物流配送车辆技术要求》，将适合快递业务特点的快件运输机动车车型纳入其中，并尽快颁布实施；②呼吁交通管理部门支持出台《快递服务用非机动车技术规范》行业标准，使快递末端配送主力车型的身份合法化；③呼吁交通管理部门协调质检、工商、工信、公安等部门，理顺机动车和非机动车生产、检测、销售、登记上牌的系列管理体制，并将快递企业常用的电动三轮车运营纳入正常监管体系。④尽快完成《快递专用电动三轮车技术要求》的出台，目前该《要求》已经处于意见征集阶段，但部分条文与规定还需要各利益方主体进行合理博弈与协调，最高时速的限定以及承载量和续航的规定都是出于安全角度进行了周全考虑，但也给企业带来了巨大的成本，有关部门可以考虑对企业进行合理的资助，推动快递企业运输车辆在安全的标准下行驶。[①]

2. 优化车辆通行管控措施

建议吸收全国其他省市保障快递车辆便捷通行的政策经验，如

① 陈晓薇、方玺、袁国强、张辛．我国城市快递企业车辆现状和问题研究［D］．交通运输部专家委员会2013年年会论文集，2013.

广州对快递专用电动三轮车实行规定区域范围、规定行驶线路、规定上路时间、统一车身标识、安装 GPS（全球定位系统）等监控设备、配额备案管理等手段，出台针对本市的保障快递车辆通行的指导意见，优化车辆城市通行管控措施，解决快递车辆城市通行难问题，做到车型合法安全、运力供给充分、管理规范有力，将邮政车辆通行政策扩展到快递车辆，让快递车辆与现行的邮政特种车辆享受同等的政策待遇。同时建立由公安（交警）、交通、工信、城管、邮政等部门共同参加的联席工作机制，开展城市快递运输需求调查，科学把握城市快递机动车运力投放标准、规模和投放计划，对符合《城市物流车辆技术要求》的快递运营机动车辆核发城市通行证，给予其必要的通行停靠便利。另外也要建立非机动车逐渐淘汰的制度性安排，对不符合新标准的存量快递机动车辆、非机动车给予必要的过渡性政策安排，引导快递企业逐渐淘汰不符合标准的营运车辆，确保行业平稳运行。《办法》中除了规定快递运输车辆要采用统一的快递运输专用标识之外，还应明确规定快递车辆必须进行备案，也应规定快递员的驾驶证件应经过考核后发放。

3. 支持和鼓励国内企业更新换代城市末端配送车辆

目前，外资快递企业已开始使用机动车进行快递派送，北京电动物流车也逐渐开始投入使用，但末端配送的主流仍然是电动三轮车、电动自行车等。建议：①提高快递业合理利润，推动企业主动更新传统非机动车。快递业要建立基于市场经济的价格制定机制和传导机制，通过政策引导，激励快递企业逐步替换电动三轮车，使更快、更安全的机动车与目前符合末端配送情况的三轮车相结合配送；②综合考虑城市规划及建设配套。优化城市规划和道路设计理念，为机动车收派快递提供基础条件。《办法》只是在第六条中规定了本市申请快递业务经营许可，应当具备几项服务能力，其中一项便是符合本市运输标准的机动车辆，建议如明确规定快递业务员一样对于快递企业的运输车辆进行更加细致明确的规定，各种类型的快递车辆有恰当的比例，同时应鼓励企业更换更加节能、绿色的配送车辆。

（三）完善监管的建议

1. 充分发挥行业协会的监管作用

在立法中提高行业协会的作用与地位，使行业协会更好地参与快递业的监管与建设。① 首先，可赋予快递行业协会部分的监管职能，如对快递企业进行等级评定，实行分级管理，这可以促使快递企业完善自身的服务，还可以使消费者自由选择适合自己需求的快递企业；其次，对快递业务员进行培训以及职业资格认定，快递协会应定期对快递业务员展开培训，并进行职业资格认定，提高快递业务员的整体素质；最后，以“投递准时率、用户投诉率、服务满意率”为标准对快递企业的服务质量进行评定，并且向社会公布。《办法》中第二十四条规定了快递行业协会应当加强行业自律，制定快递行业安全规范，为企业提供快递安全培训服务，提高快递企业安全管理能力，促进快递行业健康发展。该条规定应补充快递行业协会的监管职能，同时更应该的是将这些法律中规定的义务性规则更深入地贯彻。

2. 丰富快递行业的监管方式

对于我市快递行业的监管应该采用多种方式多管齐下，才能有

① 刘玉洁．我国快递行业法律规制研究［D］．烟台大学硕士学位论文，2014.

效地填补现在监管方面存在的漏洞。①要求快递企业进行监管报告。目前快递企业散而多，如果都要监管机构主动去进行监管，将需要投入过多的人力物力资源。要求快递企业定期将经营情况、财务状况以及重大事项报告给监管机构。这样，监管机构就能更及时地发现问题和纠正问题。②监管机构更多地对快递企业的经营者、管理者进行警示谈话或质询。③对快递企业经营者的违规违纪行为进行纪律处分。包括进行公开通报批评、要求快递企业经营者向监管机构报告有关违规违纪行为、向快递企业经营者发出各种提示性通知等方式。只有多种监管方式同时作用，才能更好地对我市快递行业进行全方位的监管，促使其克服自身发展存在的缺陷，步入健康发展的轨道。

《办法》中可专门再增加制定关于监管方式的规定，如“市邮政管理部门应当依法履行监督管理职责，可以采取下列监督检查措施：（一）进入有关场所进行检查；（二）查阅、复制有关文件、资料、凭证；（三）约谈有关单位和人员；（四）按照行政强制措施实施程序，查封与违法活动有关的场所，扣押用于违法活动的运输工具以及相关物品；（五）经市邮政管理部门负责人批准，对信件以外的涉嫌夹带禁止寄递或者限制寄递物品的快件开拆检查。”

3. 建立快递行业信息披露制度

快递企业的信息披露应遵循以下原则：①真实性原则。快递企业披露的信息必须是真实的，不能虚假。真实性关系到整个披露制度的诚信度，因此，在信息披露的时候，必须要求快递企业的负责人声明担保，中介机构调查、审计、监管机构审核等，并且要对虚假披露的行为予以惩罚。②准确性原则。准确性原则要求快递企业披露的信息语言文字通俗易懂，不含糊、不模棱两可，且不能朝令夕改，否则的话就容易误导市场。③完整性原则。对快递市场有影响的所有实质性信息都应该披露，不应故意隐瞒或重大遗漏，否则将要求相关负责人承担相应的法律责任。第四，及时性原则。市场是瞬息万变的，任何市场信息都具有时效性，如果不能及时披露，可能造成需要的信息没有披露、而披露的信息已经没有用处了，那么信息披露制度就形同虚设了。

快递企业内部应设有专门负责信息披露的管理人，快递行业监管机构、行业协会对于快递企业披露的信息质量应当进行监管，有任何虚假披露、违规操作的行为，将对主要负责人予以处罚。

《办法》中对于监管的规定较为简单，对于快递企业的义务性规则要求也只是配合行政部门的监督检查，建议新增一条规定："经营快递业务的企业应当依法向邮政管理部门上报统计报表和报告，不得转移、隐匿、篡改、毁弃原始记录和凭证、统计台账、统计调查表、会计资料及其他相关证明和资料。"

4. 着力创新监管

进一步下放许可审批，落实许可证变更审核流程优化方案，强化许可时限执行情况的监督检查，完善许可管理信息系统，优化网上办理流程。落实快递末端投递网点备案管理规定，加强末端网点管理，强化事中事后监管，继续开展邮政市场执法规范化建设，探索实行邮政市场执法案件指导意见制度。完善邮政业消费者受理与市场监管工作衔接和联动机制。继续开展服务质量测评和发布，进一步加大调查结果的公布和数据的使用力度，强化社会和新闻监督作用，做好用户申诉率数据发布工作，引导用户理性消费，促进企业提升服务质量。开展服务质量专项整治，加强监管队伍建设，继续做好邮政市场监管工作情况通报。立足大数据，为监管工作提供支撑，探索并规范邮政监管机构向县级延伸后的监管工作模式，落实好邮政安全的属地化管理责任，着力构建齐抓共管的监督检查工作格局。充分发挥新闻媒体外部监督，行业协会推动自律和企业自治等多方面的作用，努力实现快递市场监管的社会共治。①

（四）从其他地方级法规中的借鉴

《北京市快递安全管理办法》与其他几个地方级快递行政法规规章一样，上位法是《中华人民共和国邮政法》，相比之下，《北京市快递安全管理办法》更加集中在快递安全管理方面，与其他几个地方级快递行政法规规章在快递安全管理方面的共同点是对快件的收寄验视制度的规定、监控的设定等，而《北京市快递安全管理办法》比较独特的规定有以下三点：①对于快递营业场所的面积有明确的规定，面积不少于 50 平方米；②对快递从业人员的人数及培养有规定，通过资格认定的快递业务员的比率不低于 40%；每个营业场所配有2 名以上通过资格认定的快递业务员，以及定期组织开展安全生产教育和专业培训，提高快递从业人员对危险性物品的识别能力和处理能力。③建议社区、高等院校给快递车辆提供便利条件。其他几个地方级快递行政法规规章对快递行业的整体管理规划比较仔细到位，给出了对快递行业发展的支持措施、对经营主体的界定和要求十分详细、对快递公司与快递从业人员的服务也有明确规定。

《广东省快递市场管理办法》《深圳市发展快递业管理规定》

---

① 资料来源：《2014 年快递市场监管报告》，国家邮政管理局。

《无锡市快递管理办法》《福建省促进快递行业发展办法》大都分为总则、经营主体、快递服务、快递安全、法律责任和附则等几个章节，其中深圳市、无锡市和福建省三个地方级快递行政法规规章还设有支持措施章节，广东省和无锡市的地方快递行政法规规章设有监督管理章节，而福建省也根据自身特点设有闽台快递合作章节。

可以看出该4个地方有关快递的行政法规规章并不单是从安全方面来规范快递行业的运行，更加根本的出发点是希望快递行业能健康有序地发展，从而带动地方经济、社会方面的发展。如《深圳市发展快递业管理规定》中第九条规定，鼓励快递企业的总部或者区域总部落户本市，符合条件的可以按照规定享受本市总部经济的相关政策。这种政策一定程度上也吸引了如顺丰等大型快递企业将总部设在了深圳市。而深圳市、广东省、福建省三个地方级快递行政法规规章也在快递安全章节中明确规定了诸如私自开拆、隐匿、毁弃或者非法扣留、扣查他人快件（邮件）的、以围堵、拦截、聚众闹事等形式，扰乱快递服务场所正常秩序的等造成快件滞留的，公安机关都应及时且依法处理，这些规定也值得北京市有关部门借鉴制定在法律条文之中。

其实快递业的安全管理需要多方面的配合，正如《办法》第三条所规定的“快递安全管理按照预防为主、规范经营的原则，建立企业负责、行业自律、政府监管、社会监督的机制。”而像《广东省快递市场管理办法》中在经营主体章节中对特许经营许可制度有详细的规定；在快递服务章节中对野蛮分拣、先验视后签收等也有明确规定；在监督管理章节中也规定了快递企业应上报统计报表和报告。广东省快递业总体运行情况良好，离不开该《广东省快递市场管理办法》的合理详细规定。

《北京市快递安全管理办法》作为全国第一部专门针对快递安全的地方政府规章，应该参考其他地方级法规对经营主体、快递业务、监督管理等也有简要的规定，只有从事前的准入、特许经营许可的批准，到事后的有效监督管理各环节都兼顾周全，整体的快递市场环境才能更加安全、高效地运行。

附录1

北京市快递安全管理办法

第一条　为规范快递经营行为，保障快件寄递安全、信息安全、公共安全，促进本市快递行业健康发展，根据《中华人民共和国邮政法》以及其他法律、法规，结合本市实际，制定本办法。

第二条　本市行政区域内快递活动的安全管理，适用本办法。

第三条　快递安全管理按照预防为主、规范经营的原则，建立企业负责、行业自律、政府监管、社会监督的机制。

第四条　市邮政管理部门及其所属管理机构负责本市快递经营活动的监督管理和快递安全管理统筹协调工作。

公安、国家安全、海关等部门按照职责做好快递安全的监督管理工作。

交通、工商、商务等部门按照职责做好相关管理工作。

第五条　从事快递经营业务的企业（以下简称“快递企业”），应当符合《中华人民共和国邮政法》规定的条件，依法取得快递业务经营许可。未经许可，任何单位和个人不得经营快递业务。

从事国际快递经营业务的，还应当遵守有关海关法律法规的规定。

第六条　在本市申请快递业务经营许可，应当具备下列服务能力：

（一）符合标准的快件处理场所；

（二）符合标准的快递营业场所，面积不少于50平方米；

（三）符合本市运输标准的机动车辆；

（四）能够提供寄递快件的电话查询服务，具备快件跟踪查询的信息网络系统；

（五）通过资格认定的快递业务员的比率不低于40%；每个营业场所配有2名以上通过资格认定的快递业务员。

第七条　采用商业特许经营形式从事快递经营业务的企业，应当取得快递业务经营许可，并签订书面特许协议，特许人应当在协议签订后15日内到邮政管理部门备案。

第八条　快递企业应当按照规定建立快递安全保障和协查通报制度。

快递企业和用户应当遵守国家关于信件专营和禁止、限制寄递物品的相关规定，不得寄递易燃、易爆、易腐蚀、放射性等危险物品，不得寄递国家机关公文，不得寄递国家涉密载体。

第九条　快递企业应当按照规定对快件进行验视、机检、巡检、抽检等形式的安全检查。具体办法由市邮政管理部门会同公安、国家安全等部门制定。

第十条　快递企业在收寄快件时，应当提示用户如实填写快递运单，对信件以外的快件，应当当场开拆包装验视内件，符合寄递规定的，加盖收寄验视戳记。用户拒绝验视的，不予收寄。

快递企业接受网络购物、电视购物和邮购等经营者委托提供长期、大量、多次快递服务时，可以与经营者签订安全保障协议，采取其他方式验视内件，保证快件寄递安全。

第十一条　从事跨省、自治区、直辖市经营快递业务的快递企业，应当在快件处理场所配备安全检查设备，安排具备专门知识和技能的人员，对从外埠进入本市的快件按照规定进行安全检查。

第十二条 本市行政区域内举行重大活动期间或者发生突发事件时，快递企业应当按照规定寄递快件、对快件进行集中安全检查。

第十三条 快递营业场所、快件处理场所应当按照国家快递服务标准的规定设置，并应当安装符合国家标准的视频监控系统，覆盖交寄、分拣、储存等环节，并保证监控设备的正常运转，监控资料保存时间不得少于30日。

第十四条 快递从业人员应当按照国家和本市规定具备快递业务员职业技能。快递企业应当加强对快递从业人员的职业技能培训、职业素质教育和从业考核，建立快递从业人员档案制度，完善快递从业人员信息登记。

第十五条 快递企业应当制定快递安全操作标准和流程，定期组织开展安全生产教育和专业培训，提高快递从业人员对危险性物品的识别能力和处理能力。

公安、国家安全等部门按照职责对快递企业进行业务指导。

第十六条 快递企业应当建立突发事件应急机制，制定突发事件应急预案和专项预案，并报邮政管理部门备案。快递企业应当每年至少组织一次处置突发事件的应急演练。

发生突发事件时，快递企业应当启动应急预案，并按照规定向有关行政部门报告。影响快递时限或者涉及快件寄递安全的，应当及时告知用户。

第十七条 快递企业应当按照操作标准分拣快件，不得在露天场地分拣快件。

第十八条 运输快件的车辆应当符合本市道路交通运输和货物运输的技术规范和要求，并采用统一的快递运输专用标识。公安交通管理部门应当根据城市交通状况，为快递运输车辆提供通行便利。

收寄和投递快件的车辆应当封闭，标明快递企业标识，并符合本市道路通行要求。

第十九条　快递企业寄递快件需要进入社区、高等院校时，相关单位应当提供车辆通行和临时停放、快件派送等便利条件，快递企业应当遵守社区、校区管理相关规定。

第二十条　快递企业应当建立快递运单实物及电子数据档案管理制度，采取技术措施确保用户信息安全，不得泄露用户信息。

快递运单的实物保存应当满足快递服务标准规定的档案保管期限。保存期满后，按照规定集中销毁。

第二十一条　快递企业应当诚信经营，妥善处理用户对服务质量提出的投诉意见。用户对处理结果不满意的可以向邮政管理部门申诉，邮政管理部门应当依法处理，并自接到申诉之日起30日内做出答复。

第二十二条　邮政、公安、国家安全、海关、保密等部门应当建立本市快递安全保障机制，加强对快递安全的监督检查。快递企业及其从业人员对行政部门的监督检查应当予以配合。

第二十三条　邮政管理部门应当建立本市快递监管信息平台，加强对快递企业经营行为的监督管理，并纳入本市企业信用信息系统，依法向社会公布。

邮政、公安、国家安全、海关、交通等部门应当加强信息沟通，建立快递安全信息共享机制。

第二十四条　快递行业协会应当加强行业自律，制定快递行业安全规范，为企业提供快递安全培训服务，提高快递企业安全管理能力，促进快递行业健康发展。

第二十五条　因经营纠纷或者发生治安案件造成快件滞留的，快递企业应当及时处理，避免快件寄递延误；未及时处理的，邮政管理部门应当督促快递企业及时处理；涉及治安案件的，公安部门应当予以配合。

第二十六条　违反本办法第七条，特许人未办理备案的，由邮政管理部门责令改正，处2000元罚款。

第二十七条　违反本办法第九条、第十一条，未按照规定进行安全检查的，由邮政管理部门责令改正，可处5000元以上1万元以下罚款；造成严重后果的，处1万元以上3万元以下罚款。

第二十八条　违反本办法第十条，未执行收寄验视制度的，由邮政管理部门按照《中华人民共和国邮政法》的规定进行处理；未按照规定加盖收寄验视戳记的，由邮政管理部门责令改正，可处2000元以上5000元以下罚款。

第二十九条　违反本办法第十二条，未按规定进行集中安全检查的，由邮政管理部门责令改正，处1万元以上3万元以下罚款；造成严重后果的，处10万元以下罚款。

第三十条　违反本办法第十三条，未安装视频监控系统或者监控设备未正常运转的，由邮政管理部门责令改正，处2000元以上1万元以下罚款；逾期未改正的，处1万元以上3万元以下罚款。

第三十一条　违反本办法第十七条，在露天场地分拣快件的，由邮政管理部门责令改正，处2000元罚款。

第三十二条　违反本办法第二十条第一款，快递企业违法提供用户信息的，由邮政管理部门按照《中华人民共和国邮政法》的规定进行处理。

违反本办法第二十条第二款，未按照规定集中销毁的，由邮政管理部门责令改正，处5000元以上1万元以下罚款；造成严重后果的，处3万元以下罚款。

第三十三条　快递企业及其从业人员在经营活动中有危害国家安全行为的，公安、国家安全等部门依法追究法律责任；邮政管理部门依法吊销其快递业务经营许可证。

第三十四条　本办法自2014年3月1日起施行。

附录 2

调研提纲

一、调研目的及意义

《北京市快递安全管理办法》实施至今已有两年，《办法》的出台与实施对北京市快递市场的规范与管理有一定帮助，但针对《办法》中着力解决的社会关注问题如提供安全寄递的服务以及快递运输车辆行驶等，仍需要更深入的立法后评估考察其贯彻落实的实效性。

对《办法》进行评估，一方面对于政府来说有助于让有关部门人员了解该法律条例实行两年来对快递行业的约束与规范作用，以及其不健全的地方，方便下一阶段对该法律进行适当地修改；另一方面，对于快递行业和各企业来说有助于它们规范自身的服务与运作流程，检讨自身企业是否存在违法行为，同时也能使消费者的权益得到更好的保障。

二、研究内容

对北京市新颁布的快递条例进行章节整理与解读，首先进行整体评估，其次对其重要条例通过实证调研及数据分析进行评估，最终得出其实施性评估并根据现有快递条例中的漏洞与不足提出相关意见，务求通过此次评估对现有法规起到改进作用，使得以后更好地规范北京市快递行业发展，并为全国大多数并未进行地方快递行业立法的城市树立良好的榜样及起到借鉴作用。

三、调研形式

采用文献研究法、问卷法、访谈法等社会研究方法进行调研，并对调研结果及时进行分析、整理、归纳、总结。

四、调研安排

第一阶段：（2016 年 3 月）

制定调研计划，落实调研人员，保证调研工作有序、顺利开展。

第二阶段：（2016 年 4 月 ~5 月）

进行课题前期调研工作，通过向快递从业人员、消费者等进行问卷调查、访谈，收集资料；深入企业、执法机关，听取意见；同时查阅大量全国及北京市地区快递行业数据资料。

第三阶段：（2016 年 6 月 ~7 月）

通过对所掌握资料的深入分析、总结和归纳，在课题组成员广泛讨论的基础上，对调查研究成果进行进一步的分析、转化和应用，最终形成立法后评估报告。

附录 3

快递安全与服务质量调查问卷

尊敬的各位先生/女士：

您好！感谢您参加此次问卷调查！此项调查是为了调研快递行业安全与企业服务质量而搜集数据资料，对提高快递行业安全与企业服务质量具有积极作用，您提供的所有资料，仅用于学术研究，绝对保密，请您放心。

衷心感谢您的支持！

1. 您平时收快递的频率

A. 没收过　　B. 一年偶尔几次　　C. 一个月几次

D. 一周几次　　E. 每天都有

2. 您平时寄快递的频率

A. 没发过　　B. 一年偶尔几次　　C. 一个月几次

D. 一周几次　　E. 每天都有

3. 您在寄件时，快递业务员一般会做或要求您做什么？（多选）

A. 对寄件开包检查

B. 邮件快件 X 光机安检

C. 要求您出示身份证等相关证件并查验

D. 将寄件人信息录入电脑中一个公安部门安装的特殊软件

E. 要求您在快递运单上填写收寄件人姓名、单位名称、身份信息、地址、联系电话等

F. 要求您在快递运单上填写寄递物品的名称、性质、数量等

G. 提醒您阅读快递运单的服务合同条款，遵守限制和禁止寄递有关规定

H. 没有特别要求

I. 其他

4. 您在近半年快递寄件时会被要求查看居民身份证吗？

A. 从来没有　　B. 偶尔　　C. 经常

D. 每次都会　　E. 没有寄件

5. 您对于收寄验视制度的看法是？

A. 合理　　B. 无所谓　　C. 不合理

6. 您有了解过快递实名制吗？

A. 了解

B. 听说过，但不太了解

C. 没有

7. 您认为实名制的规定会造成个人信息的泄露吗？

A. 一定不会　　B. 应该不会　　C. 不清楚

D. 应该会　　E. 肯定会

8. 您觉得快递实名制实施的效果如何？

A. 非常好　　B. 好　　C. 一般

D. 不好

9. 您接受因安全检查而造成的运费增加吗？

A. 十分接受　　B. 比较接受　　C. 无所谓

D. 比较不解释　　E. 十分不接受

10. 您在收快递时会先拆开检查再签字吗？

A. 从来不会　　B. 偶尔　　C. 经常

D. 每次都会

11. 您觉得目前快递运输车辆规范吗？

A. 十分规范　　B. 比较规范　　C. 一般

D. 比较不规范　　E. 十分不规范

12. 您觉得统一快递运输车辆规范能更好地保证快件安全吗？

A. 能　　B. 不能

13. 您觉得快递运输车辆进入社区或高校中会造成混乱或不安全吗？

A. 肯定不会　　B. 应该不会　　C. 不清楚

D. 应该会　　E. 肯定会

14. 在社区快递服务中，您认为合理的收取快递方式是？

A. 快递员送货上门

B. 与快递员约定在指定地点收取

C. 社区固定代收点

D. 其他

15. 为了构建一个安全和谐的小区快递物流环境，您觉得合理的做法是？（最多选择 3 项）

A. 小区物业管理处加强管理

B. 地方的法规条例保护

C. 快递公司加强监督

D. 注重快递派送员素质培养

E. 自身安全意识提高

16. 您认为快递公司服务的主要问题是？（做多选择 3 项）

A. 延误　　B. 丢失短少　　C. 快件损毁

D. 服务态度　　E. 收费　　F. 信息安全

G. 代收货款　　H. 售后处理　　I. 其他

17. 遇到快递出现问题，您的选择是？

A. 不解决

B. 向商品卖家抱怨

C. 和快递员争论

D. 打电话给所在快递公司进行投诉

E. 向国家邮政局进行进一步申诉

18. 您在什么情况下会选择投诉快递企业？

A. 延误　　B. 丢失短少　　C. 快件损毁

D. 服务态度　　E. 不投诉